Sprachförderung PLUS Mathematik

Förderbausteine für den Soforteinsatz
im Mathematikunterricht der Grundschule

1. Auflage   1 ⁸ ⁷ ⁶ ⁵ ⁴ | 2026 25 24 23 22

Alle Drucke dieser Auflage sind unverändert und können im Unterricht nebeneinander verwendet werden.
Die letzte Zahl bezeichnet das Jahr des Druckes. Das Werk und seine Teile sind urheberrechtlich geschützt. Jede Nutzung in anderen als den gesetzlich zugelassenen Fällen bedarf der vorherigen schriftlichen Einwilligung des Verlags.
Die in diesem Werk angegeben Links wurden von der Redaktion sorgfältig geprüft, wohl wissend, dass sie sich ändern können. Die Redaktion erklärt hiermit ausdrücklich, dass zum Zeitpunkt der Linksetzung keine illegalen Inhalte auf den zu verlinkenden Seiten erkennbar waren. Auf die aktuelle und zukünftige Gestaltung, die Inhalte oder die Urheberschaft der verlinkten Seiten hat die Redaktion keinerlei Einfluss. Deshalb distanziert sie sich hiermit ausdrücklich von allen Inhalten aller verlinkten Seiten, die nach der Linksetzung verändert wurden. Diese Erklärung gilt für alle in diesem Werk aufgeführten Links.

© Ernst Klett Sprachen GmbH, Rotebühlstraße 77, 70178 Stuttgart 2013. Alle Rechte vorbehalten.
Internetadresse: www.klett-sprachen.de

Autorin: Ingrid Weis

Konzept: Sebastian Weber
Redaktion: Sebastian Weber, Lektoratsservice Sibylle Krämer, Bayreuth
Layoutkonzeption: Marion Köster, Stuttgart
Gestaltung und Satz: Doppelpunkt, Stuttgart
Umschlaggestaltung und Herstellung: Sandra Vrabec
Titelbild: Klett-Archiv (Thomas Weccard), Stuttgart
Illustrationen: Friederike Ablang, Berlin
Reprografie: Meyle und Müller, Pforzheim
Druck und Bindung: Elanders GmbH, Waiblingen

Printed in Germany
ISBN 978-3-12-666803-6

Ingrid Weis

Sprachförderung PLUS Mathematik

Förderbausteine für den Soforteinsatz
im Mathematikunterricht der Grundschule

Inhaltsverzeichnis

Vorwort 6

Sprachförderung im Mathematikunterricht 8

Spracherwerbsbedingungen 8
    Fremdsprache 8 ■ Muttersprache 8 ■ Zweitsprache 9

Sprachliche Herausforderungen im Mathematikunterricht 9
    Sprache(n) im Mathematikunterricht 9 ■ Wortschatz 10 ■ Deklination 10
    Komposita 10 ■ Verben 11 ■ Präpositionen 11 ■ Passivkonstruktionen 12
    Textverkettungsmittel 12 ■ Satzbau 13 ■ Arbeitsanweisungen 13
    Mitteilungswortschatz 14 ■ Bedeutungsinterferenzen 14 ■ Zahlen lesen und schreiben 15

Hilfreiche Methoden für einen sprachsensiblen Mathematikunterricht 15
    Lehrkraft als Sprachvorbild 15 ■ Mündliche Unterrichtsinteraktionen strukturieren 16
    Authentische Sprechanlässe schaffen 16 ■ Vorwissen aktivieren 16
    Wortspeicher anlegen 16 ■ Schlüsselwörter identifizieren und markieren 16
    Wörterbücher 17 ■ Texterschließungsstrategien üben 17
    Satz- und Textmuster anbieten 17 ■ Textproduktion anbahnen 17
    Lehrwerke/Materialien sprachlich prüfen 17
    Fachliches und sprachliches Lernen thematisieren 17

Planungsraster für den sprachsensiblen Mathematikunterricht 18

Grundlagen der Sprachprofilanalyse 20

Wie erwerben Kinder eine zweite Sprache? 20
Was leistet die Profilanalyse? 20
Fünf relevante Profilstufen für die Grundschule 22
Die Sprachprofilanalyse als Basis für erfolgreiche Fördermaßnahmen 23
Von der diagnostizierten Stufe zum Förderhorizont 25
    Förderhorizont 1 25
    Förderhorizont 2 26
    Förderhorizont 3 27
    Förderhorizont 4 28

Was leisten die Förderbausteine? 29
Wie kann mit den Förderbausteinen gearbeitet werden? 30

Förderbausteine mit Schülermaterialien 32

Themenindex: Sprachförderung 138

Klasse	Themenfeld	Förderbaustein	Seite
1/2	Uhrzeiten	**Mein Tagesablauf**	32
		> Schülermaterialien	35
1/2	Strategiespiel	**Das Nim-Spiel**	40
		> Schülermaterialien	44
1/2	Addition und Subtraktion	**Plus- und Minusgeschichten**	48
		> Schülermaterialien	53
1/2	Zählen	**Reime und Lieder im Anfangsunterricht**	59
1/2	Zahlen vergleichen	**Größer oder kleiner, mehr oder weniger?**	64
		> Schülermaterialien	69
1/2	Rechnen mit Geld	**Beim Einkaufen**	73
		> Schülermaterialien	76
3/4	Addition und Subtraktion	**Rechenwege**	81
		> Schülermaterialien	85
3/4	Muster und Parkettierungen	**Mein Muster-Steckbrief**	89
		> Schülermaterialien	93
3/4	Multiplikation und Division	**Runden und Überschlagen**	97
		> Schülermaterialien	102
3/4	Entfernungen berechnen	**Mein Schulweg**	106
		> Schülermaterialien	113
3/4	Eigenschaften geometrischer Körper	**Welcher Körper ist das? – Ein Quizspiel**	117
		> Schülermaterialien	122
3/4	Schaubilder und Diagramme	**Pausengetränke an unserer Schule**	127
		> Schülermaterialien	132

Vorwort

Heutige Schulklassen sind vielerorts multilinguale Regelklassen, in denen Schülerinnen und Schüler mit sehr unterschiedlichen sprachlichen Fertigkeiten zusammen lernen. Lehrkräfte unterrichten Kinder, deren Muttersprache zwar Deutsch ist, die aber zum Teil sprachliche Defizite aufweisen, gemeinsam mit Kindern anderer Herkunftssprachen, die die deutsche Sprache unterschiedlich gut verstehen und beherrschen.

Sprachförderung in heterogenen Lerngruppen

Im Fach Mathematik müssen Kinder zusätzlich zu ihren fachsprachlichen Fähigkeiten auch allgemein sprachlich unterstützt werden. Wenn der außermathematische Wortschatz nicht bekannt ist, können Kinder häufig gar nicht damit beginnen, mathematische Denkprozesse nachzuvollziehen. Wie es gelingen kann, die mathematische Fachsprache und die für die jeweilige Unterrichtssituation notwendigen Redemittel gezielt im Unterricht zu fördern, wird in diesem Band an vielen Beispielen gezeigt.

Sprachförderung auch im Mathematikunterricht

Fachsprache und schulische Bildungssprache erwerben Kinder nicht spontan. Deren Beherrschung ist aber Voraussetzung für den Bildungserfolg. Durch gezielte Sprachförderung auch im Mathematikunterricht unterstützen Sie Ihre Schülerinnen und Schüler somit nicht nur sprachlich, sondern Sie ermöglichen ihnen auch bessere mathematische Leistungen. Sie werden dabei nicht Mathematikstunden in Deutschförderstunden umwandeln, sondern als Lehrkraft die zum fachlichen Lernen und Verstehen notwendigen sprachlichen Mittel parallel bereitstellen und üben.

Um die Kinder optimal zu fördern, müssen Sie an die unterschiedlichen sprachlichen Lernvoraussetzungen Ihrer Schülerinnen und Schüler anknüpfen und gezielte Förder- und Unterstützungsmaßnahmen entwickeln. Das stellt Sie als Lehrkraft vor neue Herausforderungen. Damit Sie passende Fördermaßnahmen planen können, ist es wichtig zu wissen, in welcher Phase des Spracherwerbs sich Ihre Schülerinnen und Schüler befinden und welche Unterstützung sie für eine optimale Weiterentwicklung benötigen.

einfache Diagnose dank Sprachprofilanalyse

Die in diesem Band vorgestellten Förderbausteine basieren auf der **Sprachprofilanalyse**[1] – einem praxiserprobten Diagnoseinstrument, das Ihnen im Einführungsteil zunächst kurz und anschaulich vorgestellt wird. Mit Hilfe der Profilanalyse erfahren Sie, über welche Kompetenzen im Deutschen Ihre Schülerinnen und Schüler schon verfügen und welche Erwerbsschritte als Nächstes vollzogen werden. So können Sie passgenaue Fördermaßnahmen ableiten und Ihre Schülerinnen und Schüler – auch im Mathematikunterricht – individuell fördern.

Was erwartet Sie in diesem Buch?

Im ersten Teil erhalten Sie kompakt und anschaulich Informationen zur Sprachförderung im Allgemeinen und im Besonderen zu **wichtigen Merkmalen der Fachsprache Mathematik.** Zugleich lernen Sie Methoden zur allgemeinen sprachlichen Optimierung des Mathematikunterrichts kennen.

sprachsensibler Unterricht

Der zweite Teil informiert Sie über die Grundlagen der Profilanalyse. Dieses Diagnoseinstrument wird Ihnen verständlich und anhand von Beispielen erläutert. Das Material ist so aufbereitet, dass Sie die Profilanalyse ohne intensive Vorbereitungen im Unterricht durchführen können.

---

[1] Eine sehr anschauliche und ausführliche Darstellung dieses Diagnoseverfahrens mit Übungen und Filmworkshop auf DVD finden Sie im parallel erschienenen Band: Beatrix Heilmann/Prof. Wilhelm Grießhaber: Diagnose & Förderung – leicht gemacht. Ein Praxishandbuch. Ernst Klett Sprachen, Stuttgart 2012. ISBN 978-3-12-666801-9.

Im dritten und umfangreichsten Teil finden Sie **zwölf mathematische Kernthemen** so aufbereitet, dass Sie damit ohne größere, weitere Vorbereitungen Ihren Mathematikunterricht sprachsensibel gestalten können. Das Besondere an diesen zwölf Förderbausteinen ist, dass Sie damit **Sprachförderung integrativ im Mathematikunterricht** umsetzen können. Sie werden so der aktuellen Anforderung gerecht, die Sprachförderung nicht mehr additiv, sondern als durchgängiges Unterrichtsprinzip versteht.

im Regelunterricht einsetzbar

Die einzelnen Förderbausteine bieten Ihnen Ideen, Anregungen und Vorschläge zur Unterrichtsgestaltung mit einsatzfertigen, 4-fach differenzierten Materialvorlagen, aus denen Sie nach Bedarf auswählen können. Die Förderbausteine sind modular und als eine Art Baukastensystem angelegt. Sie sind flexibel und lehrwerkunabhängig einsetzbar und folgen in ihrer Reihung keiner Progression. Mit einem Baustein erarbeiten Sie jeweils ein inhaltliches Themenfeld mit der gesamten Lerngruppe. Zu Beginn eines Förderbausteins wird der mathematische Kontext kurz dargestellt. Anschließend werden der (Fach-)Wortschatz, die notwendigen Phrasen und die Interferenzen zwischen der Umgangs- und der Fachsprache aufgeführt.

einsatzfertige, differenzierte Materialien

Neben den konkreten Vorschlägen zur Unterrichtsgestaltung finden Sie in diesem Band auch generelle Hinweise und Tipps zur sprachförderlichen Planung und Gestaltung Ihres Unterrichts. Die sprachförderlichen Hinweise sind farblich hervorgehoben und somit direkt erkennbar. Diese allgemeinen Hinweise sollen Ihnen helfen, auch andere mathematische Themengebiete sprachbewusst zu gestalten.

Bei der Entwicklung der Materialien war uns besonders wichtig, dass Sie kein besonderes Fach- oder Vorwissen im Bereich der Sprachförderung mitbringen müssen. Zugleich haben wir auf **Praxistauglichkeit und direkte Anwendbarkeit** geachtet. So können Sie in Ihrem Mathematikunterricht fachliches und sprachliches Lernen miteinander verbinden.

praxistauglich und erprobt

Mit den Förderbausteinen ist differenzierte Sprachförderung für Sie auch im Fachunterricht Mathematik ohne allzu großen Vor- und Nachbereitungsaufwand möglich. Differenzierung wird erleichtert und macht Ihren Mathematikunterricht erfolgreicher – für Sie und Ihre Schülerinnen und Schüler.

Ingrid Weis
Autorin

Sprachförderung im Mathematikunterricht

Mathematik ist eine Wissenschaft von Mustern und Strukturen. Diese Muster und Strukturen kommen in der Realität streng genommen gar nicht vor, sie sind theoretische Konstruktionen, mit denen wir aber einen großen Teil unserer Welt beschreiben können. Sehr hilfreich ist es, dass durch Mathematik viele teilweise gänzlich verschiedene Dinge mit einer gemeinsamen (Symbol-)Sprache beschrieben werden. Daher muss die Sprache der Mathematik durch hohe Präzision und Exaktheit ihres Begriffssystems gekennzeichnet sein. Was bedeutet es nun, Sprache im Mathematikunterricht zu fördern? Woran ist zu denken, wenn wir von allgemeiner Sprachförderung und Förderung der Fachsprache Mathematik sprechen?

Alltagssprache, Bildungssprache und Fachsprache fördern

Bevor die sprachlichen Besonderheiten der Fachsprache Mathematik näher beleuchtet werden, sollten die sprachlichen Voraussetzungen der Schülerinnen und Schüler (im Folgenden SuS) und die von der Lehrkraft verwendete Unterrichtssprache betrachtet werden. Viele Schulklassen sind heute multilinguale Regelklassen, in denen SuS mit sehr unterschiedlichen sprachlichen Kenntnissen und Fähigkeiten gemeinsam lernen. Diese Situation stellt eine große Herausforderung für alle Lehrkräfte dar, denn bei einigen SuS verhindern schon basale Sprachschwierigkeiten im Bereich Wortschatz, Syntax, Grammatik und Textaufbau das Verstehen von Aufgaben oder einfacher Arbeitsanweisungen der Lehrkraft. Hinzu kommt, dass die Anforderungen an die sprachlichen Fähigkeiten der SuS durch die in den neuen Bildungs- und Lehrplänen verankerte Kompetenzorientierung deutlich größer geworden sind. Prozessbezogene Kompetenzen wie Problemlösen, Modellieren, Argumentieren und Darstellen/Kommunizieren können ohne die passenden sprachlichen Mittel schlicht nicht erworben werden.

Ein erfolgreicher Mathematikunterricht muss daher fachliches und sprachliches Lernen miteinander verbinden. Je besser es den SuS gelingt, Gedanken, Fragen und Erkenntnisse zu verstehen und sprachlich exakt zu formulieren, desto größer wird der Lernerfolg sein. Die sprachlichen Fähigkeiten und Werkzeuge des Faches werden nicht vorausgesetzt, sondern die (Fach)Sprache wird mit und an den Fachinhalten gelernt.

sprachsensibler Unterricht als Querschnittsaufgabe

Sprachliches Lernen wird nur dann erfolgreich sein, wenn es nicht länger als „Sondermaßnahme" für „Einzelfälle" gesehen wird, sondern als Querschnittsaufgabe für alle Fächer. Es muss verstanden werden als ein Unterrichtsprinzip, das die Verknüpfung von sprachlichem und fachlichem Lernen realisiert.

Spracherwerbsbedingungen

Von entscheidender Bedeutung für die Sprachentwicklung eines Kindes ist die Art und Weise des Spracherwerbs, die Qualität und die Häufigkeit der Sprachkontakte. Beim Spracherwerb wird zwischen dem gesteuerten und dem ungesteuerten Spracherwerb unterschieden.

Fremdsprache

gesteuerter Spracherwerb

Eine Fremdsprache wird strukturiert unterrichtet und gelernt, d.h. das Lernen wird angeleitet mit der Fremdsprache als Lerngegenstand. Das Fremdsprachenlernen findet in einer sprachlichen Alltagsumgebung statt, die nicht der Fremdsprache entspricht (z. B. der klassische Englischunterricht in der Schule oder ein Volkshochschulkurs). Das Anforderungsniveau ist unterrichtsabhängig und wird durch die Lehrkraft gesteuert. Man spricht daher von einem „gesteuerten Fremdsprachenerwerb".

Muttersprache

Der Spracherwerb der Muttersprache findet in natürlichen Kommunikationssituationen statt. Die Kinder erwerben die Strukturen der Sprache implizit, nicht durch Regeln, sondern beiläufig im täglichen Gebrauch. Sie werden aber, und das ist der entscheidende Unter-

schied zum Zweitspracherwerb, in der Regel durch ihre Bezugspersonen (Eltern, Freunde, Verwandte …) altersgemäß korrigiert. Die Bezugspersonen beherrschen die Muttersprache und sind somit kompetente Sprachvorbilder, die ein korrektes Erlernen ermöglichen:
„Eis haben" – „Du möchtest ein Eis haben? Ja gut. Möchtest du ein Erdbeereis oder ein Vanilleeis?"
„Ich bin ganz schnell gelauft." – „Ja stimmt, du bist ganz schnell gelaufen."

Bezugspersonen wenden unbewusst verschiedene Modellierungstechniken an. Die Äußerungen des Kindes werden altersgemäß z. B. indirekt korrigiert, umgeformt, erweitert, fortgeführt, wiederholt oder bestätigt. Durch diese natürlichen Interaktionsformen erwerben Kinder grundlegende Strukturen der Sprache. Sie verfügen über ein inneres Regelwissen. Sie können die Sprache, wissen aber gar nicht warum.

unbewusster Spracherwerb

Zweitsprache
Die Kinder, die Deutsch als ihre Zweit- oder Drittsprache erlernen, sind keine homogene Gruppe. Viele dieser Kinder erwerben die Zweitsprache Deutsch weitgehend ungesteuert, in einem Sprachbad, was die Sprachwissenschaft mit dem Begriff Submersion (*submersion* – ein-/untertauchen) beschreibt. Auf dem Spiel- oder Fußballplatz schnappen die Kinder Sprachbrocken auf. Sie lernen Deutsch „nebenbei", in der Regel findet keine Korrektur statt. Denn auf dem Sportplatz sind nicht der präzise Wortschatz und die korrekte Syntax wichtig. Wichtig ist, dass die Mannschaft gewinnt. Die unter Submersionsbedingungen erworbenen Sprachkenntnisse reichen meistens aus, um Alltagssituationen, die an einen konkreten Kontext gebunden sind, zu bewältigen.

ungesteuerter Spracherwerb

Um in der Schule erfolgreich zu sein, müssen die SuS aber über bildungssprachliche Kompetenzen verfügen, die weit über den alltäglichen Gebrauch des Deutschen hinausgehen. Daher muss die Bildungssprache zusammen mit der Fachsprache zum Lerngegenstand in allen Unterrichtsfächern werden. Dieser Gedanke ist besonders im Mathematikunterricht bisher sehr wenig beachtet worden. Der Erwerb von bildungs- und fachsprachlichen Kompetenzen dauert in der Regel mehrere Jahre. Bildungssprachliche Kompetenzen müssen somit systematisch im Rahmen eines Spiralcurriculums während der gesamten Zeit der institutionalen Bildung vermittelt werden. Die Schule als Bildungsinstitution hat ganz erheblichen Einfluss und weitreichende Verantwortung für die Qualität und Quantität des sprachlichen Inputs.

Bildungs- und Fachsprache vermitteln

Sprachliche Herausforderungen im Mathematikunterricht

Sprache(n) im Mathematikunterricht
Sprache im Mathematikunterricht hat verschiedene Ebenen und Darstellungsformen:
- **Alltagssprache/Umgangssprache** herrscht meistens vor, wenn Kinder über erste Entdeckungen berichten (z. B. Hier sind drei rote …, den nehme ich weg … musst du so machen …).
- **Bildungssprache, die Sprache der Schule,** ist sehr wichtig zum Verstehen mathematischer Prozesse. Begriffe wie „vermehren, vermindern, Ratenzahlung, Tageslänge, Dauer, wahrscheinlich, durchschnittlich, unterschiedlich" werden umgangssprachlich von Kindern in der Regel nicht gebraucht. Die bildungssprachlichen Begriffe müssen parallel zum mathematischen Kontext gelernt werden.
- **Fachsprache** kann nur durch die Kenntnis des Fachwortschatzes verstanden werden (z. B. Die Oberfläche eines Würfels besteht aus 6 gleich großen Quadraten. Plus und Minus heben sich auf.) Abbildungen wie Würfelnetze und Diagramme enthalten wichtige Informationen, die in Verbalsprache übersetzt werden müssen.
- **Symbolsprache** (z. B. Formeln: a + b = c, Repräsentanten: M, r, V …) kann nur verstanden werden, wenn diese abstrakte Sprache von den SuS mit Inhalten und konkreten Vorstellungen verbunden wird.

Die SuS brauchen nicht nur auf der Ebene der mathematischen Fachsprache sprachliche Unterstützung. Gerade im Mathematikunterricht, der bisher nicht ausreichend unter dem Aspekt der Sprachförderung wahrgenommen wurde, kommt es darauf an, alle Sprachebenen zu fördern. Schon der korrekte Gebrauch der Alltagssprache fordert lexikalische, morphologische, syntaktische und grammatische Kenntnisse. Die Sprachebenen greifen häufig ineinander, sodass immer alle notwendigen sprachlichen Mittel zusammen mit den mathematischen Fachinhalten thematisiert werden müssen. Die große Herausforderung besteht darin, einen Unterricht zu planen, der die sprachlichen Voraussetzungen aller SuS berücksichtigt, *Verbindung von sprachlichem und fachlichem Lernen* darauf aufbaut, um dann didaktische Entscheidungen zu treffen, die fachliches und sprachliches Lernen miteinander verbinden. Dabei sollte die Sprachförderung immer implizit, wie nebenbei und ähnlich dem Muttersprachwerb erfolgen, z. B. durch viele Wiederholungen, einfache Formulierungen, sanfte Korrekturen und ein großes Angebot an sprachangemessenen Satzmustern.

Wortschatz

In der Grundschulzeit werden ca. 500 mathematische Fachbegriffe eingeführt. Viele dieser Fachbegriffe (wie beispielsweise „vermehren, vermindern, Kosten, Verlust, Gewinn" etc.) werden in der Umgangssprache gar nicht bzw. sehr selten oder in einer anderen Bedeutung gebraucht. Sie müssen also Lerngegenstand werden.

kontinuierlicher Aufbau des Fachwortschatzes

Ein Beispiel: Wenn die SuS wirklich verstanden haben, was ein Quader ist, haben sie eine genaue Vorstellung von dieser Körperform. Die Kenntnis des Begriffes geht mit der Kenntnis des mathematischen Sachverhaltes einher und umgekehrt. Erst eine genaue Beschreibung der Körperform ermöglicht es den SuS, diese Form und alle anderen Formen eindeutig zu qualifizieren. Ausgehend von konkreten Handlungen und zeichnerischen Darstellungen, die häufig noch umgangssprachlich beschrieben werden, entwickeln die Kinder erste Vorstellungen und versprachlichen sie.

Nach dem Prinzip der fortschreitenden Schematisierung muss die Fachsprache als eine immer allgemeingültigere Beschreibung aufgebaut werden. Das Lernen von Fachbegriffen ist somit kein isoliertes Vokabellernen.

Deklination

Deklinationsfehler sind die häufigsten Fehler im Deutschen, auch von Kindern mit deutscher Muttersprache. Unser Deklinationssystem ist sehr unübersichtlich: Artikel sind mehrfach belegt („der" bezeichnet z. B. Maskulinum Singular, Femininum Genitiv und Dativ und den Genitiv Plural) oder Nomen werden in bestimmten Fällen auch ganz ohne Artikel geführt (z. B. Sie hat keine Schwierigkeiten in Mathematik.) In der türkischen Sprache dagegen wird die Deklination einfacher abgebildet. Dort gibt es kein Genus und keine Artikel.

Nominalisierungen

Die Deklination kann nur im Zusammenhang vollständiger Sätze gelernt werden. Nominalisierungen und Genitivattribute sind dabei besonders schwer zu verstehen. Darum sollten Sie gerade hierfür eine besondere Sensibilität entwickeln, produktive Übungsformen und verständnissichernde Entlastung schaffen. Genitivattribute können durch Umformungen und Textexpansion besser verstanden werden:

„Miss die Länge **der** Strecke! – Du sollst ausmessen, wie lang **die** Strecke ist!"

In Nominalisierungen sind Konditionalsätze versteckt, sodass auch hier Umformungen zum besseren Verständnis beitragen:

„Für die Einrichtung der Schülerbücherei stellt der Förderverein Geld zur Verfügung. – Der Förderverein gibt der Schule Geld. Die Schule kann Bücher für die Schülerbibliothek kaufen."

„Die Berechnung **der** Kosten ist nicht einfach. – Du sollst **die** Kosten berechnen. Das ist nicht einfach. Fange mit … an. Denke dabei an …"

Komposita

Zusammengesetzte Nomen sind eine Besonderheit der deutschen Sprache. Durch die Aneinanderreihung von Wörtern verschiedener Wortarten entstehen neue Begriffe. Damit wird ein Sachverhalt ausgedrückt, der in anderen Herkunftssprachen nur mit einem oder manch-

mal sogar mit mehreren Sätzen beschrieben werden kann (z. B. Nebenkostenabrechnungs-
bescheid, Erstrechenunterricht).

Die SuS müssen in der Lage sein, zusammengesetzte Wörter in ihre einzelnen Wortbestandteile zu zerlegen und die Bedeutung der Einzelteile zu verstehen. Nach dieser Analyse müssen die beiden einzelnen Wortbestandteile wieder zusammengesetzt und die Bedeutung
geprüft werden. Bei Komposita ist das zweite Wortelement das Grundwort, nach dem sich
die Bedeutung und der Artikel richtet.

Wortbildung

Die SuS können auf sehr spielerische Art und Weise Einsicht in Wortbildungsregeln erhalten.
- der Zahlenstrahl – ein Zahlenstrahl ist ein Strahl …
- die Zahlenmauer – eine Zahlenmauer ist eine Mauer …
- die Startzahl – die Startzahl ist eine Zahl …

Manchmal ist das aber gar nicht so einfach oder nicht möglich, denn viele Komposita haben
eine übertragene Bedeutung wie „Flussdiagramm" oder „Stichprobe". Hier müssen Sie den
Begriff erklären und darauf achten, dass die fachsprachliche Bedeutung verstanden ist.

Verben

Im Mathematikunterricht werden viele **Verben mit besonderen Vor- und Nachsilben** verwendet. Durch die Vor- oder Nachsilben verschiebt sich jeweils die Bedeutung (z. B. zählen:
abzählen, weiterzählen, zusammenzählen, sich verzählen, erzählen). Diese Bedeutungsunterschiede müssen verstanden werden. Sie können die jeweilige Wortbedeutung erklären,
indem Sie den Vorgang genau beschreiben lassen.

Bedeutungsunterschiede klären

- „Abzählen bedeutet: Ich will nur wissen, wie viele rote Plättchen hier liegen. Ich zähle ein
  Plättchen nach dem anderen und weiß dann, wie viele es sind." Oder:
- „Abzählen bedeutet: Wir wollen in der Turnhalle 4er-Gruppen bilden. Zählt immer bis 4,
  alle Kinder mit der 1 bilden dann eine Gruppe usw."

Trennbare Verben sind ebenfalls eine Besonderheit der deutschen Sprache. Diese Verben
werden getrennt und die beiden Teile des Verbs bilden die sogenannte Verbklammer (z. B.
abzählen – Ich **zähle** die Plättchen **ab**.) Verbklammern sind charakteristisch für die deutsche Sprache und bereiten mehrsprachigen SuS in der Regel erhebliche Schwierigkeiten.
Trennbare Verben, verbunden mit der Verbklammer, müssen zum grundsätzlichen Lerngegenstand eines sprachsensiblen Unterrichts werden, denn
- der abgetrennte Teil wird häufig nicht wahrgenommen oder mit einer Präposition verwechselt.
- die Verbklammer ist eine schwierige syntaktische Konstruktion, die es in vielen Herkunftssprachen nicht gibt.
- viele trennbare Verben haben eine doppelte Bedeutung (z. B. umfahren: Ich **um**fahre den
  Rand. Ich **fahre** dich **um**.)

Besonders im Anfangsunterricht **kommen** sehr viel trennbare Verben **vor**: „abzählen, weiterzählen, fortsetzen, auslegen, hinlegen, eintragen, ausmalen, ausmessen, ausrechnen,
ausdenken, abschreiben, dazugeben, wegnehmen …"

trennbare Verben verdeutlichen

Folgende methodische Hilfen bieten sich an:
- Beim Sprechen kann das trennbare Verb einmal getrennt und dann ungetrennt genannt
  werden, sodass der Zusammenhang implizit gelernt wird. (abschreiben – Schreibe die
  Zahlen ab!)
- Es ist auch möglich, die beiden Teile durch besondere Betonung und durch eine Geste
  (Bogen vom ersten bis zum zweiten Teil des Verbs) hervorzuheben.
- In Texten können die beiden Teile des Verbs markiert werden, sodass der Zusammenhang
  optisch deutlich wird.

Präpositionen

Präpositionen sind „kleine" Wörter im Satz. Sie bleiben in ihrer Form unverändert, stehen
immer mit einem anderen Wort, in der Regel einem Substantiv oder einem Pronomen. Häufig wird dieser Wortart nicht sehr viel Aufmerksamkeit geschenkt, was aber besonders im

mathematischen Kontext Ursache von Nichtverstehen oder falschem Verstehen sein kann. Die Ursachen dafür sind vielfältig:

Präpositionen im Kontext erarbeiten

- Präpositionen lassen sich nicht so einfach übersetzen, weil sie in anderen Sprachen unterschiedliche Bedeutung haben („I am interested **in** … – Ich habe Interesse **an** …").
- Werden Präpositionen mit dem bestimmten Artikel verschmolzen (in dem – im, an dem – am …), fällt es vielen SuS besonders schwer, die Präposition zu identifizieren.
- Präpositionen werden in vielen Herkunftssprachen völlig anders abgebildet. Im Türkischen sind sie beispielsweise nicht als Wortart vorhanden. Stattdessen werden sie als Endungen an die Nomen gehängt.
- Wechselpräpositionen (an, auf, in, hinter, neben, über, unter, vor, zwischen) können sowohl den Dativ als auch den Akkusativ nach sich ziehen, z. B.: „Die Buntstifte liegen neben dem Heft." (Wo? → Dativ). „Ich lege die Buntstifte neben das Heft." (Wohin → Akkusativ)
- Präpositionen lassen sich grundsätzlich nur im Kontext erlernen („Ich gehe **in** die Küche, **auf** die Toilette. – Ich fahre **nach** Mallorca, **auf** die Malediven, **in** die Türkei.")
- Das richtige Verständnis ist oftmals nur durch die richtige Interpretation des Kontextes möglich:
  „Ich fahre **nach** Hamburg (Ich bin jetzt vor Hamburg). **Nach** Hamburg kommt Kiel (Kiel ist hinter Hamburg)."
  „**in** drei Stunden = drei Stunden später; **in** diesem Moment = gerade"
  „**um** 5 Uhr; 5 ist **um** 2 größer als 3; **um** Köln herum"

Im sprachsensiblen Mathematikunterricht muss die Bedeutung der Präpositionen im Kontext geklärt werden. Isolierte Strukturübungen machen – wie die Beispiele oben zeigen – keinen Sinn. Wichtig sind ein gutes Sprachvorbild und ein reichhaltiger sprachlicher Input, damit diese komplexen sprachlichen Strukturen implizit erworben werden können.

Passivkonstruktionen

Passivkonstruktionen benutzen und beherrschen Kinder im Grundschulalter kaum. Passivformen haben eine komplexe grammatische Struktur, die auch von Kindern mit deutscher Muttersprache erst spät erworben wird. Der richtige Gebrauch setzt die Beherrschung der starken Verben voraus.

Passivformen absichern

Gerade im Fachunterricht werden Passivkonstruktionen häufig gebraucht und stellen nicht nur für Kinder mit anderen Herkunftssprachen, sondern für alle Kinder ein großes Verständnisproblem dar. Im Unterricht sollten Passivkonstruktionen daher fortwährend thematisiert und abgesichert werden. Eine gute Möglichkeit ist es, Passivsätze in Aktivformen umzuwandeln.

- „Zuerst wird ziffernweise multipliziert.
  Was musst du tun?" – „Ich multipliziere zuerst ziffernweise."
- „Klammern werden zuerst ausgerechnet.
  Was musst du tun?" – „Ich rechne immer zuerst die Aufgabe in der Klammer aus."

Textverkettungsmittel erkennen und verstehen

Textverkettungsmittel (Pronomen, Konjunktionen, Adverbien)

Ein Text ist nicht einfach eine zufällige Aneinanderreihung von Sätzen. In einem Text werden Sätze und Satzteile sinnvoll miteinander verknüpft. In der deutschen Sprache stehen dafür Konjunktionen (und, weil, obwohl …), Pronomen (er, sie, ihm, sein, derjenige …) und Adverbien (dann, dazu, davon …) zur Verfügung. Werden diese „Textverketter" nicht richtig interpretiert, wird der Text nicht verstanden. Kinder mit anderen Herkunftssprachen müssen auf diese Verkettungsmittel besonders hingewiesen werden, weil sie sie teilweise aus ihrer Muttersprache anders kennen. So werden in der türkischen Sprache Personalpronomen weggelassen, weil diese an den Endungen des Verbs erkennbar sind. Possessivpronomen werden häufig durch Suffixe ersetzt. Um die Handlungsträger im Text und ihre Beziehungen zueinander richtig zu deuten, sollten dazu regelmäßig Übungen durchgeführt werden.

- Zuordnungen (farbig) markieren oder durch Pfeile und Verbindungslinien deutlich machen:
  „**Peter** möchte ein neues Fahrrad kaufen. Das Fahrrad kostet 290 €. **Er** hat schon 200 € gespart."

- Pronomen durch Nomen ersetzen:
  „**Seine** Eltern schenken **ihm (Peter)** noch 100 €. Kann **er (Peter)** das Fahrrad kaufen?"

Satzbau

Die deutsche Sprache kennt verschiedene Möglichkeiten einen Satz zu bilden. Einfache Aussagesätze werden nach folgendem Muster gebildet: Subjekt-Prädikat-Objekt (z. B. Ich rechne die Mathematikaufgabe.) Hier steht das Verb immer an zweiter Stelle. Komplizierter wird es, wenn der Satz in einer zusammengesetzten Zeit (z. B. im Perfekt), mit Modalverben (möchte, kann, darf ...) gebildet wird oder ein trennbares Verb (z. B. ausrechnen) enthält. Dann wird der Satz mit der sogenannten Satzklammer gebildet (z. B. Ich **möchte** die Mathematikaufgabe **rechnen**. Ich **rechne** die Mathematikaufgabe **aus**.) Die Teile des Verbs werden getrennt. Erst wenn Kinder diese Stufe des Satzbaus gelernt haben, sind sie in der Lage, über Vergangenes zu berichten, ihre Wünsche zu äußern und die vielen Sätze mit trennbaren Verben richtig zu bilden.

Die nächste Stufe ist die sogenannte Inversionsstufe, bei der die Reihenfolge Subjekt/Verb umgedreht wird (z. B. Dann rechne ich die Mathematikaufgabe aus.) Um Abfolgen zu beschreiben oder eine Handlung fortlaufend erzählen zu können, müssen Kinder diese Inversionsstellung beherrschen. Oftmals beginnen diese Satzmuster mit Adverbien wie „dann, danach, zuletzt ..." Sie müssen Kinder, die diese Satzmuster noch nicht bilden können, unterstützen.

Nebensätze sind sprachlich anspruchsvoll, da das finite Verb immer an letzter Stelle steht (z. B. Ich habe keine Zeit zum Spielen, **weil** ich die Mathematikaufgabe rechnen **muss**.) Die Sprachhandlungen wie Begründen, Argumentieren, Erklären, Vergleichen, Diskutieren ... verlangen Nebensatzstrukturen. Hier sollten Sie Kindern, die sprachlich noch nicht so weit sind, einfachere Formulierungen anbieten.

Satzklammer und Inversion

In vielen Herkunftssprachen ist der Satzbau viel einfacher. In der türkischen Sprache steht z. B. das Verb immer am Ende.

Deutscher Satz:	„Beginne immer mit der einfachen Aufgabe."
Türkisch zurückübersetzt ins Deutsche:	„Einfache Aufgabe beginne."
Deutscher Satz:	„Lege die Aufgabe mit dem kleinsten Ergebnis."
Türkisch zurückübersetzt ins Deutsche:	„Aufgabe mit dem kleinsten Ergebnis lege."

Arbeitsanweisungen

Arbeitsanweisungen werden häufig sehr knapp oder in **Imperativformen** (z. B. Überschlage, ergänze, miss ...!) formuliert. Teilweise unterscheidet sich die Imperativform von der Grundform des Verbs sehr und ist kaum wiedererkennbar (z. B. messen – miss! angeben – gib ... an!). Hier scheitern bereits viele sprachschwache Kinder. Oftmals verstehen die SuS die Arbeitsanweisungen auch inhaltlich nicht, denn das Ausführen einer so knapp formulierten Arbeitsanweisung setzt eine genaue Vorstellung der durchzuführenden Rechenoperation voraus. Wenn die SuS sich überlegen müssen, welche Teilschritte zum Lösen einer Aufgabe notwendig sind, können sie die Arbeitsanweisung handlungsbegleitend maximal versprachlichen. Hier einige Beispiele:

Arbeitsanweisungen in mehrere Schritte teilen

Arbeitsanweisung	Beispiel	Das soll ich tun
Addiere!	3 + 4 = 7	Ich zähle zu der Zahl 3 die Zahl 4 hinzu.
Multipliziere!	3 mal 4 = 12	Ich nehme die beiden Zahlen 3 und 4 miteinander mal.
Verdopple!	4	Ich lege 4 Plättchen und dann noch einmal 4 Plättchen. Dann zähle ich ab, wie viele Plättchen es zusammen sind. Oder: Ich rechne 2 mal 4.
Fasse geschickt zusammen!	32 + 11 + 9 + 18	Ich überlege, welche Zahlen einfach zu addieren sind. Ich rechne dann zuerst 11 + 9 = 20 und dann 32 + 18 = 40. Dann rechne ich 20 + 40 = 60.

Satzmuster vorgeben und einüben

Mitteilungswortschatz

Ein erfolgreicher Mathematikunterricht erfordert neben den inhaltsbezogenen auch prozessbezogene Kompetenzen. Zu den prozessbezogenen Kompetenzen zählen: Problemlösen, Modellieren, Argumentieren und Darstellen/Kommunizieren. Diese Kompetenzen können nur aufgebaut werden, wenn die SuS über einen angemessenen Mitteilungswortschatz verfügen. Es ist notwendig, den SuS Satzmuster zur Verfügung zu stellen, die ihrem sprachlichen Niveau entsprechen. Diese Satzmuster, die nicht ausschließlich für den Mathematikunterricht relevant sind, sollten möglichst auch optisch präsentiert werden (als Tafelanschrieb, auf Merkplakaten, auf Arbeitsblättern).

- „Ich rechne … (aus)"
- „Ich schätze …"
- „Ich vermute/denke, dass …"
- „Es könnte sein, dass …"
- „Ich habe herausgefunden, dass …"
- „Vielleicht …"
- „Das … unterscheidet sich von …, weil …"
- „Dieses Ergebnis ist größer, weil …"
- „Wenn ich die erste Zahl mit … multipliziere, dann …"
- „Zuerst habe ich …, dann …"

Alltags- und Fachbegriffe gegenüberstellen

Bedeutungsinterferenzen

Eine Besonderheit der mathematischen Fachsprache besteht darin, dass es viele Begriffe gibt, deren alltagssprachliche Bedeutung sich von der fachsprachlichen Bedeutung unterscheidet. Man spricht von Bedeutungsinterferenzen zwischen Umgangs- und Fachsprache. Diese Bedeutungsinterferenzen müssen geklärt werden, denn nur so kann mathematisches Verständnis aufgebaut werden. Ein wichtiger Schritt dabei ist die bewusste Gegenüberstellung der unterschiedlichen Bedeutungen, z. B. auf einem Arbeitsblatt oder in einem Tafelanschrieb. Da kann so aussehen:

fachsprachliche Bedeutung	umgangssprachliche Bedeutung
die Seite	die Buchseite (ist eine Fläche), auf der anderen Seite (gegenüber), zeig dich von deiner besten Seite (mach einen guten Eindruck), die Internetseite (ist eine virtuelle Fläche)
die Ecke	die Häuserecke (ist eine Seite), die Nussecke (Kuchen mit 3 Ecken), die Spielecke (ist eine Fläche)
der Körper	ein menschlicher Körper, ein Stern (Himmelskörper)
das Produkt	eine Ware, ein Ergebnis
der Überschlag	eine Turnübung
der Bruch	der Einbruch, ein Knochen ist gebrochen, ein Haus wird abgerissen (Abbruch)
zerlegen	Fleisch schneiden, ein Puzzle auseinandernehmen

Die deutsche Sprache kennt nicht nur Bedeutungsinterferenzen zwischen Umgangs- und Fachsprache. Schon das scheinbar einfache Verb „gehen" kann mehrere Bedeutungen haben, wie das Beispiel zeigt:
„Diese Uhr *geht* nicht mehr. Der Zeiger der Uhr *geht* weiter."

Auch hier ist die Kenntnis der Bedeutungsunterschiede des Verbs „gehen" Voraussetzung des Verstehens. Sie sollten Ihre eigenen Formulierungen immer wieder aufmerksam unter die Lupe nehmen, um solche sprachlichen Klippen zu erkennen und den Kindern bewusst zu machen.

Zahlen lesen und schreiben

Zahlen werden in verschiedenen Sprachen unterschiedlich gelesen. Im Deutschen besteht eine Diskrepanz zwischen Schreib- und Sprechweise von zweistelligen Zahlen. Die Konvention von links nach rechts zu lesen wird gebrochen. Wir lesen bei der Zahl 27 z. B. nicht zwanzig sieben, sondern zuerst die rechte Ziffer: siebenundzwanzig. Erschwerend kommt hinzu, dass bei einigen Zahlwörtern Silben weggelassen werden (fünf – fünfzig, sieben – siebzig und nicht „siebenzig"). Zusätzlich können Verständnisprobleme beim Hören einiger Zahlwörter entstehen, wenn diese phonetisch sehr ähnlich sind: sechzehn – sechzig.

Da die Kenntnis der Zahlwortreihe eine unabdingbare Voraussetzung für das Rechnen ist, muss die Zahlenschreib- und Sprechweise im Deutschen thematisiert werden. Hier bietet es sich an, Sprachvergleiche anzustellen. Die Kinder bringen ihr Wissen aus ihrer jeweiligen Muttersprache mit und lernen in der Gegenüberstellung, dass es Unterschiede gibt und wie sie aussehen. Ein Beispiel aus der türkischen Sprache: *yedi* = 7, *on* = 10, *on yedi* = 17, wörtlich übersetzt gesprochen also „zehn sieben" statt „siebzehn".

Zahlenschreibweise durch Sprachvergleiche bewusst machen

Hilfreiche Methoden für einen sprachsensiblen Mathematikunterricht

Lehrkraft als Sprachvorbild

Im Mathematikunterricht bildet die Sprache die Brücke zwischen den Sachzusammenhängen und den mathematischen Operationen. Um diese Brücke gangbar zu machen, muss die Lehrkraft im Mathematikunterricht ein Sprachvorbild sein. In vielen Klassen ist sie fast die einzige Person, die korrekte Sprachmuster vorgeben kann. Lehrkräfte sollten daher stets darauf achten, immer in vollständigen Sätzen und langsam und deutlich zu sprechen. Dabei können Mimik, Gestik und Betonung bewusst eingesetzt werden, um die Verständigung zu erleichtern. Es ist dazu immens wichtig, den SuS sprachlich angemessene Strukturen und Satzmuster bei Erklärungen und Aufgabenstellungen anzubieten. So sollte bei Sprachanfängern auf komplexe Nebensatzkonstruktionen und Sätze mit Inversion verzichtet werden. Fachbegriffe dürfen nicht vorausgesetzt werden, sondern werden erklärt, z. B. durch sprachliche Expansion.

vielfältigen sprachlichen Input liefern

Sprachliche Stolpersteine werden als Lerngegenstand im Mathematikunterricht betrachtet und Sie können Ihre SuS darin unterstützen, diese Stolpersteine möglichst selbst zu überwinden, indem

- Sie von den SuS fordern, in ganzen Sätzen zu sprechen. Ja-Nein-Antworten sollten vermieden werden.
- Sie beim Einstieg in ein neues Thema das Vorwissen der SuS sammeln und sprachlich strukturieren. Murmelrunden, in denen sich die SuS in der Gruppe austauschen und beraten können, sind fester Bestandteil des Unterrichts.
- Sie darauf achten, dass möglichst viel und oft gesprochen wird.
- Sie wenig stumme Impulse geben, sondern möglichst alles versprachlichen. Sie zeigen z. B. nicht stumm auf eine Körperform, sondern fragen: „Wie heißt diese Körperform?" und die SuS antworten: „Diese Körperform heißt Pyramide. Oder: Das ist eine Pyramide."
- Sie „echte" Aufgaben stellen, sodass die SuS viele Gelegenheiten bekommen, komplexe Vorstellungen, Begründungen und Zusammenhänge zu verbalisieren. Sie sagen z. B. nicht, wenn ein Muster fortgeführt werden soll: „Du bist dran, mach weiter." Sondern Sie sagen: „Wähle die richtige Form aus, um das Muster fortzuführen. Lege die Form an. Begründe dann, warum du diese Form genommen hast."

Sprachliche Korrekturen sind in einem sprachsensiblen Unterricht der Normalfall und werden als Hilfe angesehen. Fehlerhafte Äußerungen können – immer behutsam – paraphrasiert, expandiert oder indirekt korrigiert werden, bevor die SuS die Äußerungen noch einmal richtig wiederholen.

Fehler beiläufig korrigieren

Mündliche Unterrichtsinteraktionen strukturieren

Mündliche Unterrichtsinteraktionen müssen intensiv stimuliert und strukturiert werden. Ein Unterricht mit vielfältigen Sprechanlässen trägt erheblich dazu bei, dass die SuS die Bildungssprache erlernen und auch anwenden können. Partner- und Gruppenarbeitsphasen fördern den gegenseitigen Austausch und geben sprachschwächeren Kindern Gelegenheit, sich ohne Scheu zu äußern. Unterstützen Sie die SuS mit wichtigen Formulierungshilfen wie Satzmuster, allgemeinem Wortschatz und Fachbegriffen, durch Ihre eigene präzise Sprache, durch Tafelanschriften oder Wort- und Satzkarten. Tragfähige Formulierungen werden bewusst betont und so oft wie möglich wiederholt. Die SuS sollten zunehmend die Kompetenz erwerben, sich sprachlich gegenseitig zu beobachten und zu korrigieren.

Partner- und Gruppenarbeit fördert zahlreiche Sprechanlässe

Authentische Sprechanlässe schaffen

Gemäß dem Grundsatz: „Sprache lernt man durch Sprechen" sollten in einem sprachförderlichen Unterricht viele unterschiedliche Sprechanlässe geschaffen werden. Authentische Sprechanlässe entstehen dann, wenn die Äußerungen der SuS wirklich wichtig und informativ sind. Ein Beispiel, um dieses Ziel zu erreichen, wären arbeitsteilige Gruppenarbeiten, an deren Ende jede Gruppe die anderen Gruppen über das Erarbeitete informiert. Sie sollten auch Fragen vermeiden, die lediglich mit einer Ziffer, einem Wort oder sogar nur mit ja und nein zu beantworten sind. Stattdessen sollen die Kinder durch gezielte, sprachangemessene Fragen zu längeren Äußerungen angeregt werden.

Vorwissen aktivieren

Zu Beginn jedes neuen Themas sollte das sprachliche und fachliche Vorwissen der SuS aktiviert und strukturiert werden. Das ist aus fachdidaktischer Perspektive ebenso wichtig wie aus der Perspektive der Sprachförderung. Denn es gilt die Regel: Je geringer das Vorwissen, desto schwieriger sind Äußerungen und Texte zu verstehen. Wenn Sie das Vorwissen der Kinder sammeln, erkennen Sie, wo Sie den sprachlichen und fachlichen Schwerpunkt setzen können und wo noch größerer Förderbedarf herrscht.

fachliches und sprachliches Vorwissen

Wortspeicher anlegen

Fachbegriffe werden im Kontext eingeführt und möglichst im Zusammenhang mit vielen grammatischen und morphologischen Informationen geübt (bestimmter und unbestimmter Artikel, Pluralformen, Vergangenheitsformen, Wortzusammensetzungen, Oberbegriffe …). Wortspeicher können im Klassenraum durch Plakate oder Tafelanschriften sichtbar gemacht und gemeinsam mit den SuS laufend ergänzt werden.

Beispiel für einen Wortspeicher:

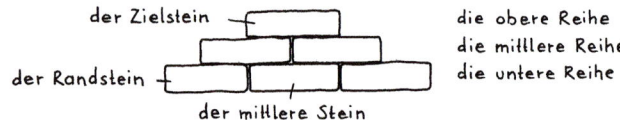

Wenn Wortschatz- oder Forscherhefte angelegt werden, haben die SuS die Möglichkeit, systematisch und individuell ihren Wortschatz zu dokumentieren und zu festigen. Die SuS können wiederkehrende Satzmuster auch auf andere Themen übertragen. Besonders hilfreich ist es, wenn Wortschatzhefte zweisprachig geführt werden. Die Muttersprache wird weiter ausgebaut, Sprachvergleiche sind möglich und interkulturelle Kompetenz wird gefördert.

zweisprachige Wortschatzhefte

Schlüsselwörter identifizieren und markieren

Oftmals sind es gerade „kleine" Wörter (außerdem, jeder, noch dazu, pro, je, davon, schon), die für das Verständnis einer Aufgabe entscheidend sind. Diese „kleinen" Wörter werden sehr oft vernachlässigt. Eine wichtige Übung ist es, den Sachzusammenhang mit anderen Worten zu versprachlichen und diese „kleinen" Wörter als Schlüsselwörter zu identifizieren.

Beispiel: „Lisa hat 12 Eierkartons. In **jeden** Karton passen 10 Eier."
Der Begriff „jeden" ist das Schlüsselwort. Nur wenn der Begriff verstanden ist, kann die Multiplikation als die richtige Rechenart erkannt werden.

Wörterbücher
Jeder Klassenraum sollte mit einem (Bild-)Wörterbuch ausgestattet sein, damit die SuS sich auch eigenständig Begriffe und Bedeutungen erschließen können. Idealerweise sind auch zweisprachige Wörterbücher verfügbar.

Texterschließungsstrategien üben
Die Sprache in Mathematikbüchern ist präzise und verdichtet. Um die Aussagen von Texten, Diagrammen, Skizzen und Tabellen zu verstehen, sollten Sie den SuS Hilfen anbieten:

- Markieren (Textstellen, unbekannte Wörter, bekannte Wörter, Fachwortschatz, Schlüsselwörter)
- Fragen zum Textverständnis formulieren
- Texte expandieren (Aussagen durch Erweiterung, durch ausführlichere Beschreibungen verständlicher machen)
- Texte in andere Darstellungsformen übertragen (die Aussagen von Diagrammen als Rechengeschichte/als Bericht erzählen)
- Semantische Eigenschaften neuer Wörter klären (z. B. vermindern – Ich rechne minus. Das wird weniger …)
- Bezüge und Verweise im Text klären („Lest euch die Zahlen gegenseitig vor und schreibt sie auf. Wer ist mit „sie" gemeint?")

Fachsprache aufschlüsseln

Satz- und Textmuster anbieten
Mathematisches Denken muss korrekt versprachlicht werden. Durch ein Angebot an sprachangemessenen Satz- und Textmustern werden Kinder entlastet, da sie sich verstärkt auf den fachlichen Inhalt konzentrieren können und nicht bereits an den Ausdrucksmöglichkeiten scheitern. Gleichzeitig werden sie durch den korrekten Gebrauch der Satzmuster sprachlich gefördert.

Textproduktion anbahnen
Das Verfassen eigener Texte sollte immer mündlich durch gezielte sprachliche Hilfen vorbereitet werden. Die Lehrkraft stellt geeignete Satz- und Textmuster zur Verfügung, erklärt den passenden allgemeinen Wortschatz sowie Fachbegriffe. Dann können die SuS ihre Vermutungen, Begründungen etc. zunächst mündlich erproben, z. B. in Partnergesprächen. Erst danach schreiben die SuS ihre Texte. Wichtig ist es, so früh wie möglich viele Schreibanlässe anzubieten (Wortschatzheft, Lerntagebuch, Portfolios, Rechengeschichten …).

schriftsprachliche Kompetenz fördern

Lehrwerke/Materialien sprachlich prüfen
Das in der Schule eingeführte Lehrwerk, zusätzliche Kopiervorlagen und Arbeitsblätter sollten nicht nur einer mathematischen, sondern unbedingt auch einer sprachlichen Analyse unterzogen werden. Viele Arbeitsmaterialien setzen sprachliche Fähigkeiten voraus, die die SuS noch nicht erworben haben. Oft werden Fachbegriffe nicht erklärt oder komplizierte Satzmuster verwendet. Hier hilft es, Aufgabenstellungen in einfache, aktive Aussagesätze umzuformulieren oder Wortlisten mit den unbekannten Wörtern anzulegen.

Texte einfacher formulieren

Fachliches und sprachliches Lernen thematisieren
Im Unterricht sollten Lehrkräfte die Unterschiede zwischen den fachlichen und fachsprachlichen Anforderungen ausdrücklich nennen, um die sprachliche Sensibilität zu fördern:

- Thema Zahlenketten: „Heute sollt ihr begründen, was passiert, wenn wir die Startzahl um 1 erhöhen. Denkt daran, „Wenn-dann- Sätze" zu benutzen."
- „Heute sprechen wir über das Wort „die Seite". Welche Bedeutungen kennt ihr? Sucht verschiedene Beispiele! Was bedeutet das Wort in der Sprache der Mathematik?"

Planungsraster für den sprachsensiblen Mathematikunterricht

Ein Raster hilft bei der Planung eines sprachsensiblen Mathematikunterrichts. Hier ein Beispiel für die Vorbereitung des Themas: Vergleichen und Ordnen von Gewichten.

Thema: Vergleichen und Ordnen von Gewichten, Klasse 3

Aktivitäten	Handlungsschritte	Mitteilungsbereiche	Wortschatz	Interferenzen Umgangs- und Fachsprache
Gegenstände gewichtsmäßig vergleichen	Vermutungen äußern	Ich glaube, dass … Vielleicht ist … Es könnte sein, dass …	Namen der zu wiegenden Gegenstände die Balkenwaage das Gewicht	etwas in die Waagschale werfen
	Beobachtungen mündlich schildern	Ich habe beobachtet, dass … Das ist schwerer/leichter, weil … Die beiden Gegenstände sind gleich schwer, weil …	ist leichter als ist schwerer als ist gleich schwer ordnen nach der Größe des Gewichts der Gewichtsunterschied	
	Beobachtungen in eine Tabelle eintragen	… ist leichter als … … ist schwerer als … … ist am schwersten … ist am leichtesten … ist gleich schwer wie … … ist genauso schwer wie …	wiegen – gewogen Wiege! vergleichen – verglichen Vergleiche!	

Thema: _____

Aktivitäten	Handlungsschritte	Mitteilungsbereiche	Wortschatz	Interferenzen Umgangs- und Fachsprache

Grundlagen der Sprachprofilanalyse

Wie erwerben Kinder eine zweite Sprache?

Stufen des Spracherwerbs

Spracherwerb ist ein kreativer Prozess, in dessen Verlauf die Kinder unbewusst der sie umgebenden Sprache Begriffe und Muster entnehmen und diese für ihre eigenen Äußerungen gebrauchen. Dabei entwickelt das Kind zunächst ein sehr einfaches, reduziertes System, das sich immer mehr der Umgebungssprache angleicht. Über Vereinfachungen und Übergeneralisierungen nähert sich das Kind der Zielsprache an, indem es unbewusst Hypothesen darüber entwickelt, durch welche Begriffe, Formen und Strukturen es das ausdrücken kann, was es beabsichtigt. In der Interaktion mit der Umwelt erfährt das Kind, ob seine Äußerung ausreichend war oder ob seine Annahmen verfeinert oder verändert werden müssen. Hier geben die Reaktionen der Umwelt und der Sprachgebrauch in der Umwelt Impulse und Modelle vor.

schulische Förderung und Unterstützung

Empirische Untersuchungen wie die von Prof. W. Grießhaber haben Spracherwerbsprozesse von Kindern wissenschaftlich begleitet. Es konnte belegt werden, dass der ungesteuerte Spracherwerb in beschreibbaren Sequenzen vollzogen wird, die bei jedem Kind gleich ablaufen. Wenn der Lerner also einer bestimmten Stufe zugeordnet werden kann, kann außerdem beschrieben werden, was bereits erworben wurde und welcher Schritt als nächster vollzogen wird. Eine sehr anschauliche und ausführliche Darstellung dieses Diagnoseverfahrens mit Übungen und Filmworkshop auf DVD finden Sie im parallel erschienenen Band: Beatrix Heilmann/Prof. Wilhelm Grießhaber: Diagnose & Förderung – leicht gemacht. Das Praxishandbuch. Ernst Klett Sprachen, Stuttgart 2012. ISBN 978-3-12-666801-9. Im vorliegenden Band erhalten Sie einen komprimierten Überblick über die Grundlagen der Profilanalyse und die daraus abgeleiteten Fördermaßnahmen.

Diese Erkenntnisse sind von unschätzbarem Wert für die Planung von Fördermaßnahmen und die Unterstützung von Kindern nichtdeutscher Herkunftssprache. Denn auch wenn eine Sprache auf natürlichem Weg erworben werden kann, lernen viele Kinder unter erschwerten Bedingungen. Viele Kinder haben zu wenig Kontakt zum Deutschen, sodass sich der Erwerbsprozess verlangsamt oder auch zum Stillstand kommt. Die Auswirkungen auf den schulischen Erfolg sind vielerorts belegt. Aus diesem Grund kommt der schulischen Unterstützung des Zweitspracherwerbs eine hohe Bedeutung zu – eine Aufgabenstellung, auf die viele Lehrerinnen und Lehrer in der Vergangenheit allenfalls am Rande vorbereitet wurden. Das Arbeiten mit der Sprachprofilanalyse, der die wissenschaftlichen Studien von Prof. W. Grießhaber zugrunde liegen, unterstützt Sie bei dieser Aufgabe.

Was leistet die Profilanalyse?

Die Sprachprofilanalyse ist ein in der Unterrichtspraxis erprobtes Verfahren, mit dem der Sprachstand Ihrer SuS einfach und in allen Fächern erhoben werden kann. Zugrunde liegt die Erkenntnis, dass der Zweitspracherwerb im Bereich des Satzbaus in immer gleichen beschreibbaren Schritten vollzogen wird. Diese einzelnen Schritte im Syntaxerwerb stehen in unmittelbarem Zusammenhang mit weiteren Erwerbsbereichen: Wortschatz, kommunikative Fähigkeiten und Erzählfähigkeit. So ergeben sich für die einzelnen Entwicklungssequenzen spezifische Sprachprofile, die von Prof. W. Grießhaber durch insgesamt sieben Profilstufen beschrieben wurden. Dabei bezieht sich die Beschreibung der jeweiligen Profilstufe auf die Stellung des Verbs im Satz.

Die Verbstellung im deutschen Satz

Im Deutschen steht das finite Verb unverrückbar an der zweiten Stelle im Satz. Ein finites Verb ändert seine Form abhängig von Person, Einzahl-Mehrzahl (Numerus) und Zeitform (Tempus).

Im **einfachen Aussagesatz** steht das (finite) Verb nach dem Subjekt.

der Aussagesatz mit finitem Verb

Position 1	Position 2	Satzende
	finites Verb	infiniter Verbteil
Mama	lacht.	

Wenn die Satzaussage aus zwei Teilen besteht, steht der finite Verbteil an der zweiten Stelle, der infinite (unveränderliche) Verbteil am Satzende. Die beiden Teile des Verbs bilden die sogenannte Satzklammer. Ein infinites Verb behält seine Form bei verschiedenen Personen oder Zeitformen. Infinite Verbformen sind der Infinitiv (ich will lachen, du willst lachen, wir konnten lachen), das Partizip I (lachend kommt sie, das lachende Mädchen) und das Partizip II (ich habe gelacht, du hast gelacht, wir hatten gelacht, …).
An zweiter Stelle im Satz stehen in diesen Fällen gebeugte Modalverben oder Hilfsverben (z. B. im Perfekt).

Satzklammer

Position 1	Position 2	Satzende
	finites Verb	infiniter Verbteil
Peter	will	spielen.
Peter	hat	gelacht.

Bei vielen deutschen Verben handelt es sich um trennbare (zweiteilige) Verben, die im Satz ebenfalls in einen finiten und einen infiniten Verbteil getrennt werden. Wiederum steht der finite Verbteile an der zweiten Stelle im Satz, während die Vorsilbe als infiniter Verbteil die Position am Ende des Satzes einnimmt.

Satzklammer

Position 1	Position 2		Satzende
	finites Verb		infiniter Verbteil
Peter	lacht	Paul	aus.

Im Gegensatz zur zweiten ist die erste Position im Satz austauschbar: Um z. B. Ereignisse miteinander zu verknüpfen oder um zu beschreiben, wann und wo sich etwas ereignet, können Sätze mit Zeit- oder Ortsadverbien eingeleitet werden. In diesen Fällen rückt das Subjekt hinter das Verb (Inversionsstellung); auch dann bleibt das Verb also an zweiter Stelle.

der Aussagesatz mit Subjekt nach finitem Verb

Position 1	Position 2	Satzende
	finites Verb	infiniter Verbteil
Dann	lacht	Mama.

Im deutschen Aussagesatz steht also
- das finite Verb an zweiter Stelle,
- der infinite Verbteil am Ende des Satzes,
- das finite Verb auch dann an zweiter Stelle, wenn am Satzanfang ein anderes Element als das Subjekt steht. In diesem Fall steht das Subjekt hinter dem finiten Verbteil (Inversion).

Zusammenfassung: Satzstellung im deutschen Aussagesatz

| | das Verb im Fragesatz | Auch in **Fragesätzen mit einem Fragewort an erster Stelle** des Satzes steht das finite Verb an zweiter Stelle. Bei manchen Satzarten bleibt die erste Position im Satz unbesetzt, der Satz beginnt also direkt mit dem Verb, z. B. bei **Fragesätzen ohne Fragewort** und in **Aufforderungssätzen**. Auch hier nimmt das finite Verb die zweite Position (nach der unbesetzten ersten) ein. |

Position 1	Position 2	Satzende
	finites Verb	infiniter Verbteil
Wer	lacht?	
(unbesetzt)	Lachst	du?
(unbesetzt)	Kommen	Sie!
(unbesetzt)	Komm!	

das Verb im Nebensatz

Die **Verbstellung in Nebensätzen** unterscheidet sich von der Verbstellung im Hauptsatz. Nebensätze sind einem Hauptsatz untergeordnet und werden z. B. durch Relativpronomen („Ich mag das Buch, **das** du mir geschenkt hast.") oder Konjunktionen (z. B. weil, obwohl, ob) eingeleitet. In Nebensätzen steht das finite Verb am Satzende.

	Position 2		Satzende
			finites Verb
… dass	er	so groß	ist.

Fünf relevante Profilstufen für die Grundschule

Die beschriebenen Satzstrukturen werden von Lernern der deutschen Sprache in einer bestimmten Reihenfolge angenommen. Auf diesen Erwerbsschritten basieren die sieben Stufen der Profilanalyse, von denen allerdings nur die ersten fünf für die Arbeit in der Grundschule relevant sind.

Profilstufe 0

Stufe 0: Bruchstückhafte Äußerungen
Zu Beginn des Zweitspracherwerbs verwenden die Kinder noch keine finiten Verben. Sie äußern sich in Bruchstücken, z. B.: „anziehn"; „Ich auch."

Profilstufe 1

Stufe 1: Finites Verb in einfachen Äußerungen
Im nächsten Schritt gelingt es den Kindern, finite Verben in einfachen Äußerungen an zweiter Stelle zu gebrauchen. Das Verb muss auf dieser Stufe noch nicht korrekt gebeugt sein, allerdings muss die Beugung erkennbar sein, z. B.: „Ich versteh." „Ich gang zu Pause."

Profilstufe 2

Stufe 2: Trennung von finiten und infiniten Verbteilen
Profilstufe 2 ist dadurch gekennzeichnet, dass es den Kindern gelingt, Verben in den finiten und infiniten Verbteil zu zerlegen und eine Satzklammer zu bilden. Der finite Verbteil steht dabei an zweiter Stelle, der infinite Verbteil steht am Satzende, z. B.: „Und ich habe dann geweint."
Mit dem Erreichen dieser Stufe ist es dem Kind sprachlich möglich, mit Hilfe von Modalverben Absichten zu äußern, eine Vergangenheitsform zu gebrauchen (Perfekt) oder Verben differenziert zu verwenden, z. B. Bedeutungsunterschiede durch Vorsilben zu realisieren: „Ich schreibe auf. Ich schreibe ab."

Stufe 3: **Subjekt nach finitem Verb (Inversion)**
Profilstufe 3 lässt sich als ein wesentlicher Meilenstein im Spracherwerb beschreiben. Den Kindern gelingt es nun, Sätze z. B. mit Zeitadverbien wie „und dann ..." zu verknüpfen, die eine Inversion erfordern. Dadurch ist es möglich, Äußerungen in eine zeitliche Abfolge zu bringen und somit Ereignisse chronologisch zu erzählen. Mit Ortsadverbien kann der Hörer im gemeinsamen Handlungsraum orientiert werden, z. B.: „Dort liegt das Buch." Strukturell steht in Sätzen mit Inversion beispielsweise ein Zeitadverb am Satzanfang und das Subjekt hinter dem Verb, z. B.: „Und dann geht er nach Hause."

Profilstufe 3

Stufe 4: **Nebensatz mit finitem Verb in Endstellung**
Die Bildung von Nebensätzen, in denen das finite Verb am Ende steht, kennzeichnet Profilstufe 4, z. B. „..., weil der auch mal mit seiner Klasse gefahren ist."

Profilstufe 4

Altersbedingt gehen die verwendeten Sprachstrukturen von Grundschulkindern in der Regel nicht über Stufe 4 hinaus. Auf die Beschreibung der komplexeren Sprachstrukturen der Profilstufen 5 (eingefügter Nebensatz) und 6 (erweitertes Partizipialattribut in einer Nominalkonstruktion) wird deshalb an dieser Stelle verzichtet.

Die Sprachprofilanalyse als Basis für erfolgreiche Fördermaßnahmen

Nachdem Sie sich mit den Grundlagen der Sprachprofilanalyse vertraut gemacht haben, können Sie mit ihrer Hilfe ohne weitere Vorkenntnisse den Sprachstand Ihrer Kinder im Deutschen erheben. Mit Hilfe der Sprachprofilanalyse können Sie mündliche Äußerungen, aber auch schriftliche Sprachproben Ihrer SuS analysieren. Die Analyse erfolgt einzig über die Stellung des Verbs in den Äußerungen der Kinder. Dies ermöglicht auf der einen Seite eine genaue Einordnung, an welcher Stelle die Kinder im Zweitspracherwerbsprozess stehen. Auf der anderen Seite ist die Auswertung und Analyse der gewonnenen Sprachdaten übersichtlich und mit etwas Übung ohne allzu großen Zeitaufwand zu leisten.

Aus den gewonnenen Ergebnissen lassen sich unmittelbar konkrete Fördermaßnahmen ableiten, sodass eine Über- aber auch Unterforderung ihrer SuS in sprachlicher Hinsicht vermieden werden kann.

Beim Einsatz der Profilanalyse hat sich der von Prof. W. Grießhaber entwickelte Sprachprofilbogen bewährt. Darauf sind die Merkmale der einzelnen Profilstufen zusammengefasst, sodass die Zuordnung von Äußerungen erleichtert wird. Auch weiterführende Beobachtungen zum Sprachstand des Kindes können auf diesem Bogen vermerkt werden.

Diagnose mit Hilfe des Sprachprofilbogens

Es empfiehlt sich, die Profilanalyse in regelmäßigen Abständen durchzuführen und den jeweiligen Sprachstand eines Kindes zu den verschiedenen Erhebungszeitpunkten auf einem Bogen festzuhalten. Diese Bögen bilden einerseits die Grundlage für die Planung der Fördermaßnahmen im nächsten Förderzeitraum, andererseits können Sie so die Sprachentwicklung Ihrer SuS dokumentieren: Zur Beurteilung der Entwicklung Ihrer Kinder liegen Ihnen konkrete Daten vor.

Sprachprofilbogen Grundschule

Name des Kindes: _____

Datum: _____ BeobachterIn: _____

Mitschrift:

Äußerungen Stufe:

0 _____ 1 _____ 2 _____ 3 _____ 4 _____

Profilstufe Ergebnissumme	Stufe 0	Stufe 1	Stufe 2	Stufe 3	Stufe 4

Ermittelte Stufe/Gesamtprofil: _____

Bemerkungen: _____

Stufe 4:	Nebensatz mit finitem Verb in Endstellung … nach Konjunktionen („dass, wenn, weil, …") z.B.: „… weil der auch mal mit seiner Klasse gefahren ist."
Stufe 3:	Subjekt nach finitem Verb … nach vorangestelltem Element z.B.: „Dann brennt die."; „Da ist der Papa."
Stufe 2:	Trennung von finitem und infinitem Verbteil Perfekt mit Hilfsverb haben/sein und Vollverb z.B.: „Und ich habe dann geweint." • Modalverb und Vollverb: z.B. „Ich wollte den auch hinwerfen." • trennbare Vorsilbe am Satzende: z.B. „Ich bring noch Legos mit".
Stufe 1:	Finites Verb in einfachen Äußerungen z.B.: „Ich versteh."; „Der Benjamin hat einen Schlitten."
Stufe 0:	Bruchstückhafte Äußerungen • akustisch unverständliche Äußerung • grammatisch unvollständige Äußerung: z.B. „Mein Bruder."; „Sieben." • floskel- oder formelhafte Äußerung: z.B. „Ich auch."; „Danke."; „Bisschen."

Von der diagnostizierten Stufe zum Förderhorizont

Mit Hilfe der Sprachprofilanalyse können Sie das sprachliche Profil eines Kindes bestimmen und einer Profilstufe zuordnen. Nach der Sprachstandserhebung wissen Sie, welche Strukturen das Kind bereits erworben hat und welche Schritte es bis zum Erreichen der nächsten Profilstufe bewältigen muss. Letztere definieren den sogenannten Förderhorizont, an dem sich die Planung der Fördermaßnahmen ausrichten sollte, um das Kind auf seinem Erwerbsweg sinnvoll und gezielt zu unterstützen. Da die Erwerbsreihenfolge bei jedem Kind dieselbe ist und kein Erwerbsschritt ausgelassen werden kann, ermöglicht die Orientierung am Förderhorizont des Kindes eine passgenaue Sprachförderung. So vermeiden Sie sowohl eine Über- als auch eine Unterforderung des Kindes und bieten ihm genau das Material, das ihm den Erwerb der Strukturen erleichtert und es zur nächstfolgenden Profilstufe führt.

Fördermaßnahmen mit den Förderhorizonten planen

FÖRDERHORIZONT 1

PROFILSTUFE 0
- überwiegend bruchstückhafte Äußerungen
  „anziehn./Ich auch."

MERKMALE
- große Lücken im Wortschatz
- Verben fehlen häufig
- erste Anzeichen von Beugung („schlaft")
- Mimik und Gestik stark unterstützend
- Hilfe durch Zuhörer unerlässlich

FESTIGEN / AUFBAUEN
- Wortschatz
- einfache Äußerungen (mit aktiver Unterstützung)
- Verben

SCHWERPUNKT
Wortschatzaufbau, Sprachrituale, handlungsbegleitendes Sprechen

PROFILSTUFE 1
- Finites Verb in einfachen Äußerungen
  „Ich versteh."

MERKMALE
- eingeschränkter Wortschatz
- Genus unsicher
- meist finite Verben
- Hilfe durch Zuhörer erforderlich

Profilstufen und Merkmale für den Förderhorizont 1

Kinder, die der Profilstufe 0 zuzuordnen sind, haben erst seit kurzer Zeit Kontakt zur deutschen Sprache. Sie kennen bisher nur wenige deutsche Begriffe und verwenden diese in bruchstückhaften Äußerungen. Dabei handelt es sich um Ein- oder Mehrwortäußerungen, eventuell auch um formelhafte Wendungen, aber noch nicht um selbstständig gebildete vollständige Sätze. In der Regel bleiben eine oder mehrere Stellen im Satz aufgrund der noch großen Lücken im Wortschatz unbesetzt. Für eine ansatzweise gelingende Verständigung sind die parallelen Informationen, wie sie Gestik und Mimik liefern, eine unverzichtbare Grundlage. Unerlässlich ist auch die Unterstützung durch den Zuhörer, der durch Nachfragen, Wortvorschläge oder durch Gestik und Mimik die Äußerungsabsicht der Kinder klären kann.

Sie können das Kind beim Erreichen der Profilstufe 1 gezielt unterstützen, wenn Sie ihm das dafür notwendige sprachliche Material konzentriert zur Verfügung stellen: Der Aufbau des Wortschatzes und einfache Satzstrukturen (Subjekt – Verb – Objekt) stellen Schwerpunkte in der Förderung auf Förderhorizont 1 dar.

Fördermaßnahmen für den Förderhorizont 1

Um die Kinder dabei zu unterstützen, auch mit geringen Sprachkenntnissen den Prozess des Mathematisierens zu bewältigen, bedarf es gezielter Hilfen und sprachlicher Entlastung. Hilfen erfahren die Kinder, wenn ihnen der notwendige Wortschatz und angemessene Redemittel zur Verfügung gestellt werden. In den Förderbausteinen finden Sie zahlreiche Bei-

Wortschatzarbeit

spiele dafür, wie der für den Themenbereich erforderliche Wortschatz und einfache Phrasen eingeübt werden können. Wichtig sind häufige Wiederholungen, damit die geübten Wörter und Satzmuster sich im Langzeitgedächtnis abspeichern und somit dann wirklich gelernt sind. Nicht immer jedoch benötigen Sie dazu Materialien. Ein achtsames, sprachbewusstes Unterrichten und handlungsbegleitendes Sprechen leisten einen äußerst wirkungsvollen Beitrag zum Fördererfolg. Die Lehrersprache sollte sich dem Förderhorizont anpassen. Sprechen Sie in einfachen Sätzen, langsam und deutlich. Machen Sie Pausen, damit die Kinder Zeit haben, Ihre Äußerungen nachzuvollziehen.

Entlastung erfahren die Kinder, weil ihnen Begriffe und Satzmuster vorgegeben werden. Sie müssen somit wenig selbst formulieren, sondern ordnen überwiegend Begriffe zu, wiederholen oder verbinden vorformulierte Satzteile oder Äußerungen. Dadurch werden Fachbegriffe und Satzmuster gefestigt und es gelingt, dass auch SuS mit geringen Sprachkenntnissen prozessbezogene Kompetenzen erwerben und weiterentwickeln können. So müssen Kinder beispielsweise ihre eigenen Begründungen nicht formulieren, sondern sie können durch die Auswahl der richtigen Begründung ihre Überlegungen und mathematischen Kenntnisse äußern. Es wird somit keine inhaltliche, sondern nur eine sprachliche Entlastung angeboten.

Förderung des einfachen Satzbaus

Damit die Kinder die Regeln zur Bildung einfacher Aussagesätze erwerben, stehen diese Strukturen im Mittelpunkt der Förderung. In den Fördermaterialien für Förderhorizont 1 sind zahlreiche Satzbeispiele zu finden, die Ihren SuS als Modelle für den einfachen Aussagesatz im Deutschen dienen können. Die gezielte Vorgabe erleichtert den Kindern den impliziten Erwerb der Struktur. Gleichzeitig bieten die Unterrichtsvorschläge und Fördermaterialien den Kindern umfangreich Gelegenheit, mündlich und schriftlich einfache Sätze zu produzieren und somit ihre Kompetenz im Deutschen zu erproben und zu festigen.

Obwohl der Wortschatz von Kindern auf Profilstufe 1 noch immer sehr eingeschränkt ist, gelingt es ihnen bereits, das Verb in ihren Äußerungen erkennbar zu beugen und an die zweite Position zu stellen. Bestimmte Positionen im Satz können weiterhin noch unbesetzt sein; besonders Artikelauslassungen sind auf dieser Profilstufe keine Seltenheit. Die Kinder haben noch große Unsicherheiten, das richtige Genus zu verwenden, die so weit gehen können, dass der Artikel vorläufig noch ignoriert wird. Noch immer benötigen die Kinder die Unterstützung durch ihre Zuhörer, um ihre Äußerungsabsichten umsetzen zu können.

Profilstufen und Merkmale für den Förderhorizont 2

FÖRDERHORIZONT 2

PROFILSTUFE 1		PROFILSTUFE 2
■ Finites Verb in einfachen Äußerungen *„Ich versteh."* **MERKMALE** ■ eingeschränkter Wortschatz ■ Genus unsicher ■ meist finite Verben ■ Hilfe durch Zuhörer erforderlich	**FESTIGEN** ■ Wortschatz ■ einfache Äußerungen (mit aktiver Unterstützung) ■ Verben **AUFBAUEN** ■ Differenzierung des verbalen Wortschatzes ■ Modalverben ■ Verben im Perfekt ■ trennbare Verben **SCHWERPUNKT** Verben, erstes Vorlesen (interaktiv)	■ Trennung von finitem und infinitem Verbteil *„Und ich habe dann geweint."* **MERKMALE** ■ Wortschatz ausreichend ■ Genus unsicher ■ Verben im Perfekt ■ Modalverben ■ beginnende Verkettung ■ Unterstützung durch Hörer

Auf Förderhorizont 2 ist die Förderung des Wortschatzes und der relevanten Satzmuster weiterhin ein zentraler Bereich. Der notwendige Wortschatz und die passenden Redemittel werden zur Verfügung gestellt. Allerdings wird der Wortschatz weiter ausdifferenziert. Der nächste Erwerbsschritt (Erwerb der Satzklammer) wird dadurch erleichtert, indem Modalverben, Hilfsverben und trennbare Verben, die ja schon im Anfangsunterricht sehr häufig vorkommen, gezielt geübt werden.

Erwerb der Satzklammer

Mit Hilfe von Modalverben lassen sich Willensäußerungen („Ich will das NIM-Spiel gewinnen.") sowie Regeln und Verbote („Ich muss die Zahl zuerst runden.") formulieren. Die Verwendung von Hilfsverben ist unabdingbar für die Bildung des Perfekts („Ich habe die Plättchen abgezählt. Ich habe … gekauft."), die gebräuchliche Vergangenheitsform des mündlichen Erzählens. Der Gebrauch trennbarer Verben ermöglicht ein differenziertes Beschreiben (und damit auch Verstehen) von Handlungen: „Ich rechne die Aufgabe aus."

Die Verwendung von Modal-, Hilfs- und trennbaren Verben eröffnet den SuS also ganz neue Ausdrucksformen: Ereignisse können zeitlich eingeordnet werden, wenn die Kinder sprachlich verschiedene Zeitformen realisieren können. Absichten, Wünsche und Regeln können verstanden und ausgedrückt werden. Die Bedeutung von Verben mit unterschiedlichen Vorsilben werden sukzessive erworben, wodurch z. B. ein differenziertes Verständnis von Arbeitsanweisungen möglich wird.

Verwendung von Modal-, Hilfs- und trennbaren Verben

Der richtige Gebrauch von trennbaren Verben stellt besonders auch in semantischer Hinsicht eine Herausforderung dar. Die Erfassung von Bedeutungsunterschieden, die ausschließlich durch die Vorsilbe ausgedrückt werden, kann auch Deutschlernern, die bereits viele Jahre Kontakt zur deutschen Sprache haben, noch Schwierigkeiten bereiten und sollte deshalb durchgängig geübt werden.

FÖRDERHORIZONT 3

Profilstufen und Merkmale für den Förderhorizont 3

PROFILSTUFE 2		PROFILSTUFE 3
- Trennung von finitem und infinitem Verbteil *„Und ich habe dann geweint."* **MERKMALE** - Wortschatz ausreichend - Genus unsicher - Verben im Perfekt - Modalverben - beginnende Verkettung - Unterstützung durch Hörer	**FESTIGEN** - Modalverben - Verben im Perfekt - Trennbare Verben - mündliches Erzählen **AUFBAUEN** - Verkettung von Äußerungen mit „und dann …" - Variation von Satzanfängen *„heute, morgen, danach …"* - schriftliches Erzählen **SCHWERPUNKT** Erzählförderung, Verkettung von Äußerungen	- Subjekt nach finitem Verb *„Und dann geht er nach Hause."* **MERKMALE** - Wortschatz ausreichend - Personalpronomen (er, sie …) - Verkettung von Äußerungen - selbstständige Äußerungen/Erzählsequenzen ohne Hörerhilfe möglich - Gebrauch der Inversionsstellung

Lernern auf Profilstufe 2 gelingt es, finite Verbteile von infiniten Verbteilen zu trennen und Satzklammern zu bilden. Teilweise benötigen sie noch die Unterstützung des Hörers. Sie verfügen über Modal- und Hilfsverben und das Partizip Perfekt. Ihr Alltagswortschatz ist allmählich ausreichend entwickelt, was jedoch nicht bedeutet, dass nun die Wortschatzarbeit an Bedeutung verliert. Neben der Festigung der bereits erworbenen Strukturen liegt der Schwerpunkt nun auf dem Erwerb der Inversionsstellung, d. h. der Stellung des Subjekts

Verkettung von Äußerungen

nach dem finiten Verb. Diese Satzmuster ermöglichen es, Ereignisse chronologisch zu verketten oder Begründungen zu formulieren („Zuerst habe ich …, Dann habe ich …, Dadurch konnte ich …, Zum Schluss muss ich …"). Außerdem weisen Fragen und Imperativsätze diese Struktur auf.

In einem ersten Schritt muss es den Kindern gelingen, Sätze nach einem einleitenden Zeitadverb so umzustellen, dass das Subjekt nach dem finiten Verb steht. Deshalb ist es vorerst ausreichend, unverbundene Sätze mit „und dann …" verbinden zu lassen. Eine abwechslungsreichere und differenziertere Verwendung von Zeitadverbien (später, danach …) wird erst im Verlauf der weiteren Förderung erwartet, auch wenn Sie als Lehrkraft bereits ein variantenreicheres Vorbild geben.

Die Kinder lernen Begründungen und Abfolgen zu formulieren und dazu Sätze mit Inversionsstellung zu nutzen, indem diese Satzmuster vorgegeben werden. Durch den Gebrauch der Satzmuster im Kontext und häufige Wiederholungen schleifen sich die Strukturen implizit ein. Im Förderbaustein Addition und Subtraktion Klasse 3 und 4 begründen die Kinder z. B. ihre Rechenwege schriftlich, indem sie auf vorgegebene Wörter und Satzmuster zurückgreifen können.

Fachwortschatz gezielt erweitern

Das Verstehen von Präpositionen ist eine weitere wichtige Voraussetzung für das Verständnis mathematischer Zusammenhänge (z. B. um 5 Uhr, 9 ist um 5 größer als 4, um Köln herum). Ihr Verständnis und ihr richtiger Gebrauch stellen für den Zweitsprachenlerner wegen Interferenzen zwischen Herkunfts- und Zielsprache oft einen schwierigen Erwerbsbereich dar und nehmen einen längeren Zeitraum in Anspruch.

Natürlich muss auch der Wortschatz noch weiter entwickelt werden. Fachwortschatz und bildungssprachliche Begriffe dürfen auf keinen Fall vorausgesetzt werden. Interferenzen müssen geklärt werden. In den Förderbausteinen für die Klassen 3 und 4 werden verstärkt fachsprachliche Formulierungen wie Nominalisierungen, Genitivattribute und Passivkonstruktionen eingeführt.

Profilstufen und Merkmale für den Förderhorizont 4

FÖRDERHORIZONT 4

PROFILSTUFE 3

- Subjekt nach finitem Verb
  „Und dann geht er nach Hause."

MERKMALE

- Wortschatz ausreichend
- Personalpronomen (er, sie …)
- Verkettung von Äußerungen
- selbstständige Äußerungen/Erzählsequenzen ohne Hörerhilfe möglich
- Gebrauch der Inversionsstellung

FESTIGEN

- Verkettung von Äußerungen mit *„und dann …"*
- Variation von Satzanfängen *„heute, morgen, danach …"*
- schriftliches Erzählen

AUFBAUEN

- Nebensätze mit *„weil, wenn, obwohl …"*
- Geschichtenmuster: *„doch da …", „plötzlich …", „aber dann …"*
- schriftliches Erzählen

SCHWERPUNKT
Nebensätze, Geschichtenmuster

PROFILSTUFE 4

- Nebensatz mit finitem Verb in Endstellung
  „… weil der auch mal mit seiner Klasse gefahren ist."

MERKMALE

- Wortschatz differenziert
- komplexe Satzstrukturen
- dichte Verkettung
- Einbeziehung und Steuerung des Hörers
- eigenständige Erzählsequenzen

Mit dem Erreichen der Profilstufe 3 können die SuS nun satzübergreifende Bezüge herstellen und die Inversionsstellung realisieren. Diese Fähigkeit wird auf Förderhorizont 4 weiter ausgebaut.

Auf Förderhorizont 4 erwerben die SuS die Verbstellung in Nebensätzen, die sich von der Stellung des Verbs im Hauptsatz unterscheidet: Im Nebensatz steht das finite Verb am Satzende („Ich darf die Reihenfolge der Zahlen vertauschen, weil ich hier eine Additionsaufgabe rechne."). Es lassen sich verschiedene Nebensatztypen unterscheiden, die in der Grundschule bedeutsam sind und mit verschiedenen Konjunktionen (Bindewörtern) eingeleitet werden.

Erwerb von Nebensätzen

- Begründungen (Kausalsätze, weil): „Ich werde das NIM-Spiel gewinnen, weil mein Plättchen auf der Position 7 liegt."
- Folgesätze (Konsekutivsätze, dass-Sätze): „Das Diagramm zeigt, dass die meisten Kinder in der 1. Klasse Kakao trinken."
- Bedingungssätze (Konditionalsätze wenn – dann): „Wenn ich die ersten beiden Zahlen addiere, dann erhalte ich einen vollen Hunderter."
- Relativsätze: „Ich kaufe die Puppe, die 10 Euro kostet."
- Einräumungen (Konzessivsätze, obwohl): „Beide Kinder brauchen gleich lang, obwohl Lisas Schulweg kürzer ist."

Damit die Vertrautheit der Kinder mit Nebensätzen steigt, werden auf Förderhorizont 4 die verschiedensten Anlässe genutzt, Nebensätze zu bilden. Die Förderbausteine zeigen Ihnen, welche Impulse Sie setzen können, um die Kinder zur Bildung von Nebensätzen anzuregen. Durch das Erlernen der Nebensatzstrukturen gelingt es den Kindern nun, Handlungen wie z. B. Argumentieren, Begründen, Vergleichen sprachlich zu bewältigen. Damit ist ein wichtiger Schritt im Erwerb von bildungssprachlichen Kompetenzen erreicht.

Neben der Festigung der Nebensatzstrukturen muss die Vermittlung von Fachwortschatz, von fachsprachlichen Formulierungen und von bildungssprachlichen Ausdrücken, die im alltäglichen Kontext nicht erworben werden, auch auf Förderhorizont 4 eine zentrale Rolle einnehmen.
Mathematische Fachsprache zeichnet sich durch Exaktheit und Unpersönlichkeit aus. Die Förderung der dazu verwendeten sprachlichen Mittel, wie Passiv oder passivähnliche Konstruktionen, Nominalisierungen, Genitivattribute und Ausdrücke der Allgemeingültigkeit („man"), steht jetzt im Vordergrund. Ebenso muss die Zuordnung von Pronomen und Adverbien zu dem betreffenden Nomen geübt werden. Das ist für das Verstehen von Textaufgaben unverzichtbar.

fachsprachliche Mittel verstehen und anwenden

Was leisten die Förderbausteine?

Eine sinnvolle, erfolgreiche Sprachförderung orientiert sich am Erwerbsstand der Kinder. Da die Sprachstände der Kinder in einer Klasse sehr unterschiedlich sein können, bedeutet dies, dass mathematisches Lernen nur mit gezielter sprachlicher Unterstützung möglich ist. Sprache darf nicht zu einem Lernhemmnis werden und den Prozess des Mathematisierens blockieren. Im Mathematikunterricht muss parallel zu dem fachlichen Lernen ein sprachliches Gerüst, also strukturierter sprachlicher Input, bereitgestellt werden.
Die Fördermaterialien in diesem Band helfen Ihnen dabei, diese anspruchsvolle Aufgabe umzusetzen. Nachdem Sie anhand der Sprachprofilanalyse festgestellt haben, wo die einzelnen Kinder in der Klasse sprachlich stehen, unterstützen Sie die Fördermaterialien bei der Ableitung passender Fördermaßnahmen. Die einsatzbereiten, auf die einzelnen Förderhorizonte zugeschnittenen Materialien führen die SuS zum Erreichen der nächsten Profilstufe.

Fördermaßnahmen differenziert planen und umsetzen

Die Förderbausteine dieses Bandes lassen sich lehrwerksunabhängig einsetzen. Zentrale Themen des Mathematikunterrichts sind sprachförderlich aufbereitet worden. Der mathematische Kontext ist jeweils nur kurz dargestellt, da Ihnen dieser Aspekt bekannt ist. Der Schwerpunkt der Förderbausteine liegt dagegen auf dem sprachlichen Aspekt. Sie finden zu jedem Thema eine Übersicht über den relevanten Fachwortschatz (die Pyramide, eine Figur, addieren usw.) und über andere bildungssprachliche Begriffe (z. B. die Eigenschaften, das Merkmal, vergrößern, vermindern, überraschenderweise usw.), die ebenfalls nicht vorausgesetzt werden dürfen, da die Kinder diese Begriffe in ihrem Alltag kaum benutzen. Wenn basale sprachliche Fähigkeiten unabdingbar für das Erlernen eines mathematischen Kontexts sind und Kinder diese Fähigkeiten nicht beherrschen, müssen diese im Mathematikunterricht mitgelernt werden. Auch dazu finden Sie in den Förderbausteinen viele Beispiele. Die sprachlich vierfach differenzierten Materialien ermöglichen es Ihnen, ein mathematisches Thema für alle Kinder anzubieten und allen Kindern durch sprachliche Unterstützungssysteme sprachliches und mathematisches Lernen gleichermaßen zu ermöglichen. Dabei sind die Förderbausteine im Regelunterricht einsetzbar – und das ohne Mehraufwand bei der Vorbereitung.

Sprachförderung in den Unterricht integrieren

Nicht zuletzt bieten Ihnen die Förderbausteine in diesem Band viele Beispiele, wie Sie Ihren Mathematikunterricht generell sprachförderlich optimieren können. Die Beispiele für sprachstandsbezogene Aufgabengestaltung, Aufgabenformulierung, methodische Unterstützung und sprachförderliches Verhalten der Lehrkraft lassen sich problemlos auf weitere Themenfelder übertragen.

Ziel der Förderung ist, dass die Kinder durch passgenaue sprachliche Förderung im Fach Mathematik fach- und bildungssprachliche Kompetenzen erwerben und dadurch bessere mathematische Leistungen erbringen können.

Wie kann mit den Förderbausteinen gearbeitet werden?

Die ersten sechs Förderbausteine behandeln mathematische Themen der Klassen 1 und 2. Hier geht es häufig darum, neben dem mathematischen Fachwortschatz auch basale sprachliche Fähigkeiten zu fördern. So werden beispielsweise beim Einkaufen die Namen der Gegenstände und ihre Pluralformen und beim Beschreiben des Tagesablaufs die Beschreibung der Tätigkeiten geübt.

Die folgenden sechs Förderbausteine richten sich an die Klassen 3 und 4. Auch hier werden alle für die jeweiligen mathematischen Operationen notwendigen sprachlichen Mittel thematisiert und geübt. Zunehmend werden für Kinder auf den Förderhorizonten 3 und 4 auch typische fachsprachliche Mittel wie z. B. Passivkonstruktionen, Nominalisierungen oder Genitivattribute angeboten. Selbstverständlich können Sie, wenn Sie mathematisch sehr starke Kinder in der Klasse haben, die Kopiervorlagen (KV) anpassen. Sie können z. B. die mathematischen Anforderungen erhöhen, indem Sie größere Zahlen, Dezimal- oder Kommazahlen einsetzen. Bei Kindern, die größere Unterstützung bei den Prozessen der Mathematisierung benötigen, sollten Sie weitere Veranschaulichungsmittel bereitstellen oder die mathematischen Anforderungen, z. B. durch kleinere Zahlen, reduzieren.

Aufbau der Förderbausteine

Alle Förderbausteine haben die gleiche Struktur. Nach einer kurzen Darstellung des mathematischen Kontexts werden die wichtigsten sprachlichen Anforderungen des Themas erläutert. Der notwendige Wortschatz, wichtige Phrasen und Bedeutungsinterferenzen folgen. Anhand einer Tabelle erhalten Sie eine Übersicht über Art und Inhalt der Förderangebote. Zusätzlich sehen Sie, in welchen Sozialformen die Angebote durchgeführt werden können und welche Fördermaterialien (Kopiervorlagen) jeweils dazugehören.

Im Anschluss werden die einzelnen Förderangebote ausführlich dargestellt. Die Förderangebote beziehen sich auf die gesamte Lerngruppe oder sind den vier Förderhorizonten zugeordnet. Sie erfahren, welches Material zur Durchführung des Angebots benötigt wird und welche Vorbereitungen zu treffen sind. Eine genaue Beschreibung zur Durchführung des Angebots schließt sich an. Hier finden Sie Hinweise zum schrittweisen Vorgehen, Beispiele für die Gestaltung von Unterrichtsgesprächen in Form konkreter Fragestellungen oder Impulse sowie Anregungen zum Umgang mit Schüleräußerungen. Einige Bausteine schließen mit Tipps und Ideen zur Weiterarbeit oder Varianten der Unterrichtsgestaltung ab. In einem Förderbaustein wird mit einem eingängigen, bekannten Lied gearbeitet. Falls Sie die Melodie nicht kennen, finden Sie mehrere Hörbeispiele im Internet (z. B. auf YouTube).

Die Förderbausteine machen Ihnen ein modulares Angebot, das Sie unterschiedlich nutzen können:

die Förderbausteine vielfältig nutzen

- Auf der Basis der verschiedenen Förderangebote sowie der Lernvoraussetzungen Ihrer SuS können Sie eine Unterrichtseinheit planen, die sich eng am Förderbaustein orientiert. Die Angebote für die gesamte Lerngruppe und die Förderangebote für die einzelnen Förderhorizonte sind aufeinander bezogen und in einigen Beispielen auch sehr eng miteinander verknüpft. In diesen Fällen mündet z. B. die Arbeit der einzelnen Förderhorizonte in ein gemeinsames Produkt, z. B. das Kilometerprotokoll oder die Diagramme, die den Getränkeverbrauch einer ganzen Schule darstellen. Die Verteilung der Förderangebote nehmen Sie selbst auf der Grundlage Ihrer individuellen Klassensituation vor. Da der Zeitbedarf für die einzelnen Angebote stark von den Voraussetzungen in Ihrer Klasse abhängt, finden Sie hierzu keine Aussagen im Text. In der Regel wird für die Durchführung der einzelnen Sequenzen jedoch nicht mehr als eine Unterrichtsstunde benötigt.
- Zur Ergänzung des durch Ihre Lehrwerke vorgegebenen Unterrichtsangebots können Sie dazu passende Förderangebote auswählen und einsetzen.
- Auch zur Planung additiver Förderangebote können Sie auf die Förderangebote zurückgreifen.
- Die vorliegenden Materialien sind ideal für die in den Regelunterricht eingebettete Sprachförderung in sprachheterogenen Lerngruppen geeignet, bieten selbstverständlich aber auch Material für die Gestaltung von DaZ-Fördergruppen, die eher homogen zusammengesetzt sind.
- Zu jedem Förderbaustein finden Sie ein vierfaches Differenzierungsangebot. Aus den Vorschlägen wählen Sie diejenigen aus, die für das sprachliche Profil Ihrer Lerngruppe geeignet sind. Beachten Sie dabei, dass die Angebote sowohl zum Aufbau neuer Strukturen (Förderhorizontorientierung), aber auch zur Festigung bereits erworbener Strukturen eingesetzt werden können. Das heißt also, dass ein Förderangebot für Förderhorizont 2
a) für Kinder sinnvoll sein kann, die die Profilstufe 1 erreicht haben und nun auf dem Weg sind, Strukturen zu erwerben, die die Profilstufe 2 kennzeichnen und
b) zur Festigung bereits erworbener Strukturen auch für Kinder sinnvoll sein kann, die die Profilstufe 2 schon erreicht haben. Auch wenn Sie also in einer Lerngruppe mit Kindern aller Förderhorizonte unterrichten, haben Sie so eine gewisse Flexibilität bei der Einteilung der Teilgruppen – je nach Anzahl der Kinder, den räumlichen Voraussetzungen, der Möglichkeit der Doppelbesetzung usw.
- Auch in (individualisierte) Tages- oder Wochenpläne oder Freiarbeitsphasen können einige der Förderangebote integriert werden.

UHRZEITEN
Mein Tagesablauf

Das Thema Zeit umfasst mehrere Bereiche: Uhrzeiten ablesen, Uhren einstellen, Zeitspannen berechnen, die Jahreseinteilung in Monate, Wochen und Tage kennen und Umrechnen der Größeneinheiten. Dabei muss vermittelt werden, dass die Zeitdauer 1 Stunde nicht in 100, sondern in 60 Minuten unterteilt ist. Die Entwicklung des Zeitverständnisses ist ein komplizierter Prozess, gerade auch, weil Zeit individuell und kulturell unterschiedlich wahrgenommen wird. Guter Mathematikunterricht macht Zeit erfahrbar, sodass SuS ein Zeitgefühl entwickeln können.

Sprachlich ist zu beachten, dass Zeitangaben in verschiedenen Sprachen unterschiedlich benannt werden. So heißt „Viertel nach eins" auf Türkisch „biri çeyrek geçiyor", was wörtlich zurückübersetzt bedeutet „eins Viertel nach". Der Begriff „Tag" hat wiederum zwei Bedeutungen: die hellen Stunden im Gegensatz zur Nacht und die Zeitspanne von 0 Uhr bis 0 Uhr. Die jeweils zutreffende Bedeutung lässt sich meistens nur aus dem inhaltlichen Zusammenhang erschließen, was von den Kindern ein entsprechendes Sprachverständnis fordert.

Der Themenbereich Zeit verlangt auch den Gebrauch vieler Komposita: z. B. Minutenzeiger, Zifferblatt, Turmuhr. Hier ist es wichtig, dass ausreichend Wortbildungsübungen in den Unterricht eingebaut werden. Dazu kommt eine weitere Besonderheit der deutschen Sprache: Das Wort „es" als Ausdruck der Unpersönlichkeit.

„Es" und auch „man" sind Ausdrücke der Unpersönlichkeit, die es in vielen Herkunftssprachen der Kinder nicht gibt. Oftmals werden diese Ausdrücke der Unpersönlichkeit auch mit Passiv oder passivähnlichen Satzstrukturen kombiniert, was das Textverständnis zusätzlich erschwert. Es besteht die Gefahr der Verwechslung von „es" als Ausdruck der Unpersönlichkeit mit dem Personalpronomen „es". „Man" als Ausdruck der Unpersönlichkeit kann mit dem Nomen „der Mann" verwechselt werden. Wichtig ist, dass die Bedeutung dieser Ausdrücke immer wieder im Kontext geklärt wird, indem die Lehrkraft gezielt Fragen stellt, z. B. Wer ist hier mit „man" oder „es" gemeint? Was meinst du genau, wenn du sagst, es ist 3 Uhr?

Überblick über die Förderangebote

GESAMTE LERNGRUPPE
- die Namen verschiedener Uhren lernen
- Fachwortschatz einführen
- Uhrzeiten ablesen, richtig benennen und aufschreiben
  (Klasse 1: ganze Stunden, Klasse 2: halbe, viertel, drei viertel Stunden)
- Uhrzeiger richtig einstellen
- Aktivitäten im Laufe eines Tages erzählen und der richtigen Uhrzeit zuordnen

 KV 1 Mein Tagesablauf

FÖRDERHORIZONT 1
- Aussagesätze im Präsens
- Ausdruck der Unpersönlichkeit: „es"

 KV 2 Mein Tagesablauf

FÖRDERHORIZONT 2
- Perfekt: Was hast du am/um … gemacht?
- Ausdruck der Unpersönlichkeit: „es"

 KV 3 Mein Tagesablauf

FÖRDERHORIZONT 3
- Inversionsstellung: Dann/danach habe ich …
- Ausdruck der Unpersönlichkeit: „es"

 KV 4 Mein Tagesablauf

FÖRDERHORIZONT 4
- Nebensätze (denn, weil)
- Zeitadverbien (morgens, vormittags, abends …)

 KV 5 Mein Tagesablauf

Wortschatz

NOMEN die Uhr, der Uhrzeiger, die Stunde, die Minute, die Sekunde, der Minutenzeiger, der Stundenzeiger, der Sekundenzeiger, das Zifferblatt, die Digitaluhr, die Analoguhr, die Turmuhr, die Armbanduhr, die Parkuhr, die Eieruhr, der Tagesablauf, die Tageszeit, die Uhrzeit …

VERBEN stehen, gehen, dauern, zeichnen, laufen, beginnen, wandern, eintragen: trägt … ein, anzeigen: zeigt … an, ablesen: lese … ab, einstellen: stelle … ein …

SONSTIGE vor (1 Stunde), nach (1 Stunde), bis (mittags, zum …), in (3 Stunden), um (3 Uhr), am (Morgen), morgens, abends, mittags, vormittags, nachmittags, nachts, am Morgen, am Abend, am Mittag, am Nachmittag, in der Nacht, um Mitternacht …

PHRASEN Wie spät ist es? Es ist …, Wann ist (es) …?, um (8, …) Uhr …, Der (Minuten)zeiger zeigt die … an, Wenn der (Stunden)zeiger auf der … steht, dann ist es … Uhr …

INTERFERENZEN
Der Zeiger/die Uhr läuft, geht, wandert … → eine Art der Fortbewegung
Der Zeiger steht auf … → aufstehen
das Zifferblatt → das Blatt vom Baum, das Blatt Papier

ANGEBOTE FÜR DIE GESAMTE LERNGRUPPE

Verschiedene Uhren als Zeitmessgeräte kennenlernen

MATERIAL/VORBEREITUNG Abbildungen verschiedener Uhren, Uhren von den Kindern mitbringen lassen und in der Klasse ausstellen

DURCHFÜHRUNG Die Klasse trifft sich im Stuhlkreis und die Lehrkraft betrachtet zusammen mit den SuS die verschiedenen Uhren. Die Kinder beschreiben zunächst die Uhren. Die Lehrkraft greift das Vorwissen der SuS auf und ergänzt, indem sie Fachbegriffe (die Turmuhr, die Taschenuhr, der Stundenzeiger, das Zifferblatt …) nennt. Die Fachbegriffe werden den SuS dann visuell zur Verfügung gestellt, entweder durch eine Tafelanschrift oder aber durch vorbereitete Wort-/Bildkarten.

Beispiele für einfache Fragen und Impulse (Förderhorizont 1 und 2):
„Wie heißt diese Uhr?"
„Das ist eine Armbanduhr. Welche Wörter sind in dem Wort Armbanduhr versteckt?"
„Der lange Zeiger zeigt die Minuten an. Wie heißt der lange Zeiger?"
„Der kurze Zeiger zeigt die Stunden an. Wie heißt der kurze Zeiger?"
„Wie heißt dieser Zeiger und was zeigt er an?"
„Welche Zahlen, welche Ziffern stehen auf dem Zifferblatt dieser Uhr?"
„Zeige mir das Zifferblatt und lies die Zahlen vor!"

Beispiele für anspruchsvollere Fragen und Impulse (Förderhorizont 3 und 4):
„Das ist eine Armbanduhr. Warum heißt diese Uhr Armbanduhr?"
„Das ist eine Taschenuhr. Warum heißt diese Uhr Taschenuhr?"
„Wenn du die Stunden/Minuten einstellen willst, wie musst du die Zeiger dazu bewegen?"
„Zeige mir das Zifferblatt dieser Uhr und beschreibe, wie es aussieht."
„Ist das Wort Zifferblatt nicht ein komisches Wort? Es ist doch gar kein Blatt."
„Einige Uhren haben gar kein Zifferblatt. Wie können wir trotzdem damit die Zeit messen?"

ANGEBOT FÜR FÖRDERHORIZONT 1–4

Uhrzeiten ablesen und Uhrzeiger richtig einstellen

MATERIAL/VORBEREITUNG mehrere Lernuhren

DURCHFÜHRUNG Die Lehrkraft demonstriert anhand einer großen Lernuhr das Ablesen der Uhrzeiten. Besonders das Wort „es" als Ausdruck der Unpersönlichkeit wird betont. „Es ist 8 Uhr." Die SuS erhalten auch die Gelegenheit zu beschreiben, wie Zeitangaben in ihren Herkunftssprachen ausgedrückt werden.

Beispiele für einfache Fragen und Impulse (Förderhorizont 1 und 2):
„Wie spät ist es?"
„Welche Uhrzeit zeigt die Uhr an?"
„Es ist … Uhr. Kannst du die Zeiger der Uhr richtig einstellen?"
„Auf welche Zahl zeigt der Minutenzeiger immer zur vollen Stunde?"

Beispiele für anspruchsvollere Fragen und Impulse (Förderhorizont 3 und 4):
„Wo müssen der Minutenzeiger und der kleine Zeiger stehen, wenn es … Uhr ist?"
„Erkläre: Was ist eine volle/halbe/viertel Stunde?"

💬 Das unpersönliche „es" bereitet vielen Kindern Probleme, weil sie diese Konstruktion aus ihrer Herkunftssprache nicht kennen. So würde z. B. der Satz „Es ist 5 Uhr" auf Türkisch wörtlich „Die Uhr zeigt 5" bedeuten, auf Russisch „Jetzt 5 Uhr." „Es" kann im Deutschen ganz unterschiedliche Bedeutungen haben, wie die folgenden Sätze zeigen:
- Es ist 5 Uhr. – Die Uhr zeigt 5 Uhr an.
- Es regnet. – Regen fällt aus den Wolken auf die Erde.
- Es sind zusammen 8. – Wenn ich die 3 und 5 addiere, erhalte ich 8.
- Es wird erwartet, dass … – Bestimmte Personen, die nicht näher genannt werden, erwarten, dass …
- Es bedarf einer Veränderung. – Bestimmte Personen oder Umstände fordern eine Veränderung.

Die Lehrkraft sollte die SuS auffordern, den jeweiligen Satz mit anderen Worten zu beschreiben und stellt dazu Fragen: „Was passiert, wenn es regnet? Wer könnte mit „es" gemeint sein? Welche Uhrzeit haben wir, wenn es 5 Uhr ist?" usw. Die KV 2–4 wiederholen Wendungen mit dem unpersönlichen Begriff „es" sowie passive Satzkonstruktionen, sodass die Kinder diese **Muster im Kontext verstehen** und sich implizit einprägen können.

Im Anschluss üben die Kinder das Einstellen und Ablesen der Uhren in Kleingruppen. Die Kinder von Förderhorizont 1 und 2 und die von Förderhorizont 3 und 4 arbeiten jeweils in Gruppen zusammen. Optimal wären hier Dreiergruppen. Ein Kind stellt eine Frage, das nächste beantwortet diese. Das dritte Kind achtet auf die sprachliche Korrektheit. Nach einiger Zeit werden die Rollen gewechselt.

💬 Die Arbeit in der **Kleingruppe erhöht den Sprechanteil** für alle SuS deutlich. Die Lehrkraft kann zur sprachlichen Unterstützung vor allem der Kinder auf den Förderhorizonten 1 und 2 beispielhafte Fragesätze auf Wortkarten schreiben und die einzelnen Gruppen aktiv anleiten.

Mein Tagesablauf, die Tageszeiten und die Uhrzeit 👥👥 und 👤

MATERIAL/VORBEREITUNG KV 1–5 Mein Tagesablauf

DURCHFÜHRUNG Die Lehrkraft betrachtet zusammen mit den SuS die Abbildungen des Tagesablaufs von KV 1. Sie vergewissert sich, ob der nichtmathematische Wortschatz (z. B. Kinderzimmer, Zähne putzen, Haare kämmen, Unterricht, Mittag essen, Küche, Computer, lernen) verstanden wird. Gegebenenfalls wird der Wortschatz erklärt. Auch die Uhrzeiten werden anhand der Abbildungen gemeinsam wiederholt. Die Lehrkraft verwendet dabei wiederholt die Zeitadverbien „morgens, mittags, abends, nachts, vormittags und nachmittags".

Nach dieser Vorbereitung bespricht die Lehrkraft mit den Kindern, was zu den verschiedenen Tageszeiten auf den Bildern zu sehen ist. Die Kinder ordnen die Zeitadverbien den Uhrzeiten zu. Anschließend lässt die Lehrkraft die Kinder von ihren eigenen Aktivitäten im Laufe des Tages erzählen und bittet sie, diese einer Uhrzeit/Tageszeit zuzuordnen. Dabei unterstützt sie Kinder auf den unteren Förderhorizonten, indem sie ihre Äußerungen aufgreift und als vollständigen, einfachen Satz wiederholt. Ein Beispiel:
Kind: „steh auf."
Lehrkraft: „Aha, du stehst um 7 Uhr auf."

Beispiele für einfache Fragen und Impulse (Förderhorizont 1 und 2):
„Es ist Nacht/Mittag … Wie viel Uhr ist es?"
„Was machst du nachts?"
„Um wie viel Uhr wird es dunkel/hell?"
„Was hast du am Montag/Dienstag gemacht?"

Beispiele für anspruchsvollere Fragen und Impulse (Förderhorizont 3 und 4):
„Wie viel Uhr ist es, wenn die Sonnen unter-/aufgeht?"
„Was machst du, nachdem du morgens aufgestanden bist? Und dann?"
„Was machst du meistens am Montag/Dienstag …?"

Im Anschluss bearbeiten die SuS KV 2–5 entsprechend ihres Förderhorizonts. Anschließend stellen die Kinder ihren Tagesablauf einem Partner vor.

TIPP FÜR DIE WEITERARBEIT In Verbindung mit dem Sachunterricht kann auch ein „Wochentagebuch" angelegt werden. Die Kinder füllen über den Zeitraum einer Woche jeden Tag ein Arbeitsblatt aus, am Ende können die Blätter gebunden werden. Jeden Morgen können einige Kinder ihren jeweils vorherigen Tag vor der Klasse präsentieren.

💬 Mit den Kindern vor allem der zweiten Jahrgangsstufe können neben den vollen Stunden auch halbe und Viertelstunden eingeführt und geübt werden. Dazu eignet sich die Aufgabenstellung „Tagebucheintrag" von KV 5, aber auch beim Gespräch in der Gruppe kann die Lehrkraft durch gezielte Impulse darauf hinführen, z. B. die Lernuhren entsprechend einstellen. Wichtig ist, dass der **erforderliche Wortschatz dafür bereitgestellt** wird:
eine halbe Stunde vor/nach, halb 1 Uhr, viertel Stunde, Viertel vor/nach, drei viertel Stunden …

Mein Tagesablauf

Welche Tageszeit ist das? Verbinde.

abends   nachmittags   mittags

nachts   morgens   vormittags

Mein Tagesablauf

Suche dir einen Wochentag aus.

Was machst du am _____ um _____ Uhr?

Schreibe auf und zeichne die Zeiger in die Uhren. Male ein Bild dazu.

 Es ist 3 Uhr nachts.
Ich schlafe.

 Es ist 7 Uhr morgens.
Ich _____

 Es ist 11 Uhr vormittags.
Ich _____

 Es ist 12 Uhr mittags.
Ich _____

 Es ist 15 Uhr (3 Uhr) nachmittags.
Ich _____

 Es ist 19 Uhr (7 Uhr) abends.
Ich _____

Diese Sätze helfen dir:

Ich stehe auf. ☺ Ich lerne in der Schule. ☺ Ich esse Mittag. ☺
Ich spiele mit Freunden. ☺ Ich gehe ins Bett. ☺
Ich mache Hausaufgaben. ☺ Ich besuche meine Oma. ☺
Ich gehe ins Schwimmbad. ☺ Ich gehe auf den Spielplatz.

Mein Tagesablauf

Suche dir einen Wochentag aus.

Was hast du am _____ um _____ Uhr gemacht?

Schreibe auf und zeichne die Zeiger in die Uhren. Male ein Bild auf die Rückseite.

 Es ist 3 Uhr nachts.

Ich habe um 3 Uhr nachts geschlafen.

 Es ist 7 Uhr morgens.

Ich habe um 7 Uhr morgens _____

 Es ist 11 Uhr vormittags.

Ich _____

 Es ist 12 Uhr mittags.

Ich _____

 Es ist 15 Uhr (3 Uhr) nachmittags.

Ich _____

 Es ist 19 Uhr (7 Uhr) abends.

Ich _____

Diese Wörter können dir helfen:

aufstehen ☉ in der Schule lernen ☉ Mittag essen ☉
mit Freunden spielen ☉ ins Bett gehen ☉ Hausaufgaben machen ☉
meine Oma besuchen ☉ ins Schwimmbad gehen

Mein Tagesablauf

Suche dir einen Wochentag aus.

Was hast du am _____ um _____ Uhr gemacht?

**Zeichne die Zeiger in die Uhren und schreibe auf.
Du kannst auch auf der Rückseite ein Bild dazu malen.**

 Es ist 3 Uhr nachts.
Um 3 Uhr habe ich geschlafen.

 Es ist 7 Uhr morgens.
Um 7 Uhr _____

 Es ist 11 Uhr vormittags.
Vormittags _____

 Es ist 12 Uhr mittags.
Um 12 Uhr _____

 Es ist 15 Uhr (3 Uhr) nachmittags.
Um 15 Uhr nachmittags _____
und dann _____

 Es ist 19 Uhr (7 Uhr) abends.
Abends _____

Diese Wörter können dir helfen:
schlafen ☉ aufstehen ☉ in der Schule lernen ☉ Mittag essen ☉
mit Freunden spielen ☉ ins Bett gehen ☉ Hausaufgaben machen ☉
meine Oma besuchen ☉ ins Schwimmbad gehen ☉
auf den Spielplatz gehen ☉ einkaufen gehen ☉ Fernsehen gucken

Mein Tagesablauf

**Suche dir einen Wochentag aus und schreibe in dein Tagebuch, was du erlebt hast. Zeichne die Zeiger in die Uhren.
Du kannst auch auf der Rückseite ein Bild dazu malen.**

 Morgens um 7 Uhr bin ich aufgestanden, weil ich zur Schule gehen muss.

Dann _____

 Vormittags um _____

_____

Mittags um _____

_____

 Nachmittags um _____

_____

 Abends um _____

_____

 Nachts um _____

_____

Diese Wörter können dir helfen:

schlafen ⊙ aufstehen ⊙ in der Schule lernen ⊙ Mittag essen ⊙
mit Freunden spielen ⊙ ins Bett gehen ⊙ Hausaufgaben machen ⊙
meine Oma besuchen ⊙ ins Schwimmbad gehen ⊙
auf den Spielplatz gehen ⊙ einkaufen gehen ⊙ Fernsehen gucken

STRATEGIESPIEL
Das Nim-Spiel

Das Nim-Spiel ist ein sehr altes Strategiespiel für zwei Personen. Ursprünglich wurde das Spiel so gespielt, dass aus einer Menge von Gegenständen Haufen gebildet wurden. Die Anzahl der Gegenstände und die Anzahl der Haufen ist dabei beliebig. Dann verkleinern die Spieler abwechselnd jeweils einen der Haufen. Wer schließlich nichts mehr wegnehmen kann, hat verloren. Charles Leonard Bouton, Mathematikprofessor an der Harvard University, hat 1901 eine Formel für die Gewinnstrategie des Nim-Spiels beschrieben.

Strategiespiele, die auch als Denkspiele bezeichnet werden, fordern und fördern kombinatorisches und logisches Denken sowie kreative Problemlösungen, wie es auch im Mathematikunterricht verstärkt verlangt wird. Denkspiele/Strategiespiele sind seit Jahrtausenden in vielen Kulturen bekannt. Die Lehrkraft sollte ihre SuS fragen, ob sie ähnliche Spiele aus ihren Heimatländern kennen und mitbringen können. Das Nim-Spiel fordert von den SuS die Kompetenz, Möglichkeiten von Zahlzerlegungen zu erkennen und diese strategisch zu nutzen.

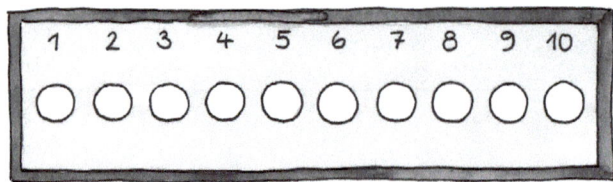

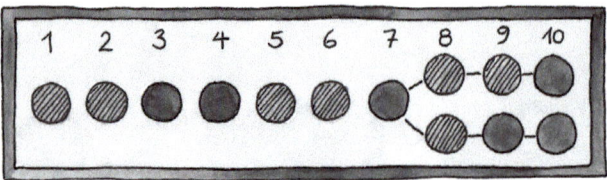

Das Nim-Spiel ist für den schulischen Gebrauch vereinfacht worden. Man benötigt einen Spielplan mit zehn runden Feldern, die durchgehend von 1–10 nummeriert sind. So ein Spielplan lässt sich leicht selbst gestalten und laminieren. Zwei Spieler spielen gegeneinander, jeder erhält 10 Plättchen einer Farbe. Abwechselnd legen die Spieler, beginnend von links, entweder ein oder zwei Plättchen. Es dürfen keine Lücken gelassen werden. Gewonnen hat derjenige, der das letzte Feld (10) mit seinem Plättchen belegen kann. Wie die Abbildung zeigt, nimmt das 7. Feld eine Schlüsselposition ein. Der Spieler, der sein Plättchen auf das 7. Feld legen kann, hat, wenn er strategisch richtig handelt, das Spiel auf jeden Fall gewonnen. Wenn der Gegenspieler ein Plättchen auf Feld 8 legt, können zwei Plättchen gelegt werden. Wenn der Gegenspieler zwei Plättchen auf die 8 und 9 legt, kann ein Plättchen gelegt werden. Nach mehrmaligem Spielen werden die meisten SuS sicherlich erkennen, dass der Spieler, der das 4. Feld belegen kann, bei strategisch geschicktem Spiel auf jeden Fall auch das entscheidende 7. Feld belegen kann. Letztendlich kann der Spieler, der das Spiel auf Feld 1 beginnt und strategisch richtig spielt, dann auf jeden Fall das 4. Feld und danach das 7. Feld belegen und somit das Spiel gewinnen.

Auf der sprachlichen Ebene brauchen die SuS aktive Unterstützung, damit sie ihre Vermutungen zur Gewinnstrategie des Spiels oder die Strategie selbst formulieren können. Die Lehrkraft sollte daher passende Redemittel für die SuS auf allen Förderhorizonten zur Verfügung stellen. Auf Förderhorizont 1 können das einfache, vorformulierte Aussagesätze im Präsens sein. „Ich lege ein/zwei Plättchen auf …" Die SuS auf Förderhorizont 2 können sprachlich formulieren, welche Plättchen bereits gelegt wurden und welche dann gelegt werden können. Hier sollte die Lehrkraft die SuS im Gebrauch von Perfekt und Modalverben unterstützen. „Ich habe mein Plättchen auf … gelegt. Ich kann mein nächstes Plättchen …" Die SuS auf Förderhorizont 3 müssen unterstützt werden, ihre Gedanken sprachlich richtig zu verbinden. „Zuerst hat Spieler A …, dann … am Ende …" Bei den SuS auf Förderhorizont 4 achtet die Lehrkraft darauf, dass sie ihre Begründungen anhand von Konditional- und Kausalsätzen formulieren. „Ich gewinne, wenn …"

Überblick über die Förderangebote

GESAMTE LERNGRUPPE

- Strategiespiel spielen
- erste Beobachtungen formulieren und eine Strategie erklären/beschreiben
- Fachbegriffe kennenlernen und verstehen

Das Nim-Spiel kennenlernen

Die Gewinnstrategie beschreiben und diskutieren

FÖRDERHORIZONT 1

- einfache Aussagesätze vervollständigen

KV 1 Wer gewinnt das Nim-Spiel? oder

FÖRDERHORIZONT 2

- Gebrauch von Perfektformen
- Modalverben „können, müssen"

KV 2 Wer gewinnt das Nim-Spiel? oder

FÖRDERHORIZONT 3

- Inversionsstellung
- Satzverbindungen („dann habe ich …, danach konnte ich …")

KV 3 Wer gewinnt das Nim-Spiel? oder

FÖRDERHORIZONT 4

Konditionalsätze („wenn …, dann …")
Kausalsätze („…, weil")
Konsekutivsätze („…, dass …")

KV 4 Wer gewinnt das Nim-Spiel? oder

Wortschatz

NOMEN der Spielplan, das Plättchen/die Plättchen, das Feld, die Spielregel, die Strategie, das Strategiespiel, der Trick, der Sieger, der Gewinner, die Vermutung …

VERBEN gewinnen – habe gewonnen, legen – habe gelegt, setzen auf – habe auf … gesetzt, vermuten, abwechseln …

ADJEKTIVE geschickt, clever, bei geschicktem Spiel …

SONSTIGE derjenige, nacheinander, gegeneinander …

PHRASEN Ich lege …, weil …, Ich gewinne/verliere, weil …, Wenn ich …, dann …, Ich gewinne/verliere, wenn …, Wer auf die … legt, kann gewinnen, weil …, Ich bin Sieger/Gewinner/Verlierer des Spiels, wenn …, Wie legst du am geschicktesten?, Wer kann bei geschicktem Spiel gewinnen?

INTERFERENZEN
setzen → hinsetzen
setzen auf … → aufsetzen
geschickt → (mit der Post) gesendet, geliefert
das Feld → der Acker …

ANGEBOTE FÜR DIE GESAMTE LERNGRUPPE

Das Nim-Spiel kennenlernen

MATERIAL/VORBEREITUNG Spielplan Nim-Spiel, je 10 rote und blaue Plättchen

DURCHFÜHRUNG Die Lehrkraft stellt der Gruppe das Nim-Spiel vor und spielt es mit einem Kind. Dabei erklärt sie die Spielregeln. Die Erklärung wird durch Gesten unterstützt (legen, nacheinander, Feld Nr. 10). Durch diese handlungsorientierte Herangehensweise können die Kinder den benötigten Fachwortschatz besser erfassen und verstehen. Es ist daher wichtig, dass alle Kinder das Spiel gut sehen und verfolgen können.
Beispiel für die Spielregel:

„Ihr müsst euch abwechseln. Zwei Kinder spielen gegeneinander. Ihr legt nacheinander Plättchen. Jeder Spieler darf 1 oder 2 Plättchen legen. Ihr dürft kein Feld frei lassen. Wer sein Plättchen auf die Nr. 10 legen kann, der ist der Sieger."
Bei Verständnisschwierigkeiten kann die Lehrkraft die Regeln nochmals durch Fragen wiederholen: Wie viele Plättchen darfst du legen? Wer gewinnt das Spiel?

In der zweiten Runde spielen zwei SuS das Spiel. Die anderen SuS bekommen eine Beobachtungsaufgabe.
- Wer gewinnt das Spiel? Wer spielt clever? Wer spielt geschickt?
- Wer hat das Spiel gewonnen? Wer hat clever gespielt? Wer hat geschickt gespielt?

Nach Beendigung des Spiels formulieren die SuS erste Vermutungen zur Gewinnstrategie. Die Lehrkraft strukturiert das Unterrichtsgespräch.

Beispiele für einfache Fragen (Förderhorizont 1 und 2):
„Welcher Spieler ist der Sieger?"
„Wer gewinnt das Spiel? Hast du eine Idee?"
„Der Verlierer hat einen Fehler gemacht. Welchen Fehler hat X gemacht?"

Beispiele für anspruchsvollere Fragen (Förderhorizont 3 und 4):
„Was hast du beobachtet? Was ist dann passiert?"
„Warum hat … gewonnen? Begründe deine Vermutung." „Warum hat … verloren? Begründe deine Vermutung."

> Im Bereich der Wortschatzarbeit müssen die abstrakten Begriffe „Strategie", „Trick", „Vermutung" im Kontext und durch **sprachliche Expansion**, also Erweiterung und Umschreibung der Begriffe, geklärt werden. Die Lehrkraft fragt dazu beispielsweise: Was bedeutet es, wenn ich eine Vermutung habe? Sie sammelt dann zusammen mit den SuS Erklärungen. „Ich weiß nicht genau, wie es ist …; Ich weiß das nur so ungefähr…; Ich bin mir nicht sicher, ob das wirklich so ist …; Vielleicht ist das so …; Das könnte vielleicht so sein …." Die Lehrkraft fasst zusammen: „Ich weiß etwas nicht genau, ich bin nicht sicher. Dann kann ich auch sagen: Ich vermute das. Oder: Ich habe eine Vermutung."

ANGEBOTE FÜR FÖRDERHORIZONT 1–4

Die Gewinnstrategie beschreiben

MATERIAL/VORBEREITUNG Spielpläne: immer zwei Kinder erhalten einen Spielplan des Nim-Spiels, je Kind 10 Plättchen einer Farbe, Karten mit den vorgegebenen Satzmustern, je nach Förderhorizont KV 1–4

DURCHFÜHRUNG Die SuS sitzen in Gruppen entsprechend ihres Förderhorizontes. Jeweils zwei Kinder spielen gegeneinander das Nim-Spiel. Das Spiel sollte mehrmals gespielt werden, dabei können die Spielpartner wechseln. Nach der Spielphase bittet die Lehrkraft die SuS, die Gewinnstrategie zu diskutieren. Die Lehrkraft unterstützt die Diskussion dadurch, dass sie den Gruppen vorformulierte Satzmuster auf Karten zur Verfügung stellt. Sie achtet darauf, dass die Satzmuster korrekt gebraucht werden. Im Anschluss bearbeiten die SuS die KV, die ihrem Förderhorizont entspricht, in Einzel- oder Partnerarbeit.

Satzmuster Förderhorizont 1:
Wer gewinnt das Spiel?
Was macht der Sieger?
Der Sieger legt sein Plättchen …

Satzmuster Förderhorizont 2:
Der Sieger hat gut aufgepasst. Was hat er getan?
Was muss der Sieger tun?
Der Sieger muss …

Satzmuster Förderhorizont 3:
Erkläre die Gewinnstrategie!
Was hat der Sieger gut gemacht?
Was hat der Verlierer dann falsch gemacht?

Satzmuster Förderhorizont 4:
Warum hat der Spieler mit den roten/blauen Plättchen gewonnen/verloren?
Denkt an „Wenn … dann-Sätze" oder an „weil-Sätze".

> Die Kleingruppe bietet sprachärmeren Kindern einen ermutigenden Rahmen. Sprachkompetentere Kinder können unterstützend wirken und gleichzeitig ihre Formulierungen erproben. Anhand der Spielpläne können auch die SuS auf den unteren Förderhorizonten ihre Tipps verdeutlichen und **handlungsbegleitend erläutern**.

Die Gewinnstrategie diskutieren

MATERIAL mehrere Spielpläne des Nim-Spiels, Plättchen in unterschiedlichen Farben

DURCHFÜHRUNG Nachdem die SuS durch das Bearbeiten der KV geübt haben, die Gewinnstrategie zu formulieren, geht es nun darum, diese Erkenntnisse mit anderen Kindern auszutauschen. Jetzt werden neue Gruppen gebildet. In jeder Gruppe sollten SuS der verschiedenen Förderhorizonte zusammen diskutieren. Damit alle Kinder zu Wort kommen können, sollten nicht mehr als 4 Kinder in einer Gruppe sein.
Die Lehrkraft schreibt die Leitfrage an die Tafel:
- Wer gewinnt das Nim-Spiel? Diskutiert die Frage in eurer Gruppe.
- Findet ihr einen wichtigen Tipp? Natürlich dürft ihr euch auch Notizen machen.

Jetzt diskutieren SuS mit unterschiedlichen Förderhorizonten. Am Ende tragen die Kleingruppen ihre Tipps der Klasse oder einer anderen Gruppe vor. Jedes Kind erläutert einen Tipp.

> Da das Spiel während der Diskussion nicht mehr gespielt wird, müssen die SuS ihre Erfahrungen gedanklich ordnen und formulieren. Diese **Stufe der Abstraktion** erfordert weitaus mehr sprachliches Können als eine handlungsbegleitende Beschreibung und wird vor allem Kindern auf Förderhorizont 3 und 4 gelingen.

TIPPS FÜR DIE WEITERARBEIT

- Sprachkompetentere Kinder können eine Spielanleitung schreiben und die Gewinnstrategie schriftlich erläutern.
- Es können andere Varianten des Spiels gespielt und diskutiert werden. Andere Varianten bringen Änderungen der Strategie mit sich: z. B. Das Nim-Spiel mit 12 Feldern. Jeder Spieler darf 1, 2 oder 3 Plättchen setzen. Oder:
- Das Nim-Spiel mit 13 Streichhölzern. Bei dieser Variante wird ohne Spielfeld gespielt. Stattdessen liegen alle Streichhölzer auf einem Tisch, abwechselnd nehmen zwei Spieler 1, 2 oder 3 Streichhölzer weg. Gewonnen hat derjenige, der den Haufen der Streichhölzer als Erster „leergeräumt" hat.
- Die SuS erklären ihre aus den Heimatländern mitgebrachten Spiele und spielen diese mit ihren Mitschülern. Denkbar wäre auch, dass diese Spiele gemeinsam mit den Eltern an einem Spieletag oder Spielenachmittag gespielt werden.

Wer gewinnt das Nim-Spiel?

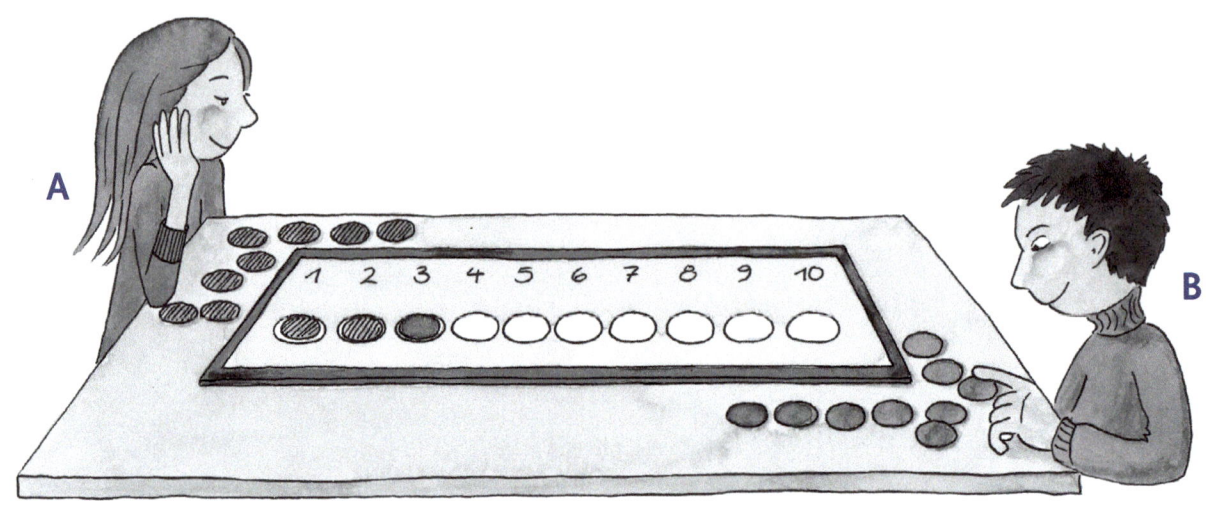

1| **Wo liegen Plättchen? Kreuze die richtigen Aussagen an.**

- ☐ Die Plättchen von Spieler A liegen auf Nummer 1 und 2.
- ☐ Die Plättchen von Spieler B liegen auf Nummer 1 und 2.
- ☐ Das Plättchen von Spieler A liegt auf Nummer 3.
- ☐ Das Plättchen von Spieler B liegt auf Nummer 3.

2| **Das Spiel geht weiter. Male oben aus und schreibe hier auf.**

Spieler A legt _____ Plättchen auf Nummer _____

Spieler B legt _____ Plättchen auf Nummer _____

Spieler A legt _____ Plättchen auf Nummer _____

Spieler B legt _____ Plättchen auf Nummer _____

3| **Wer gewinnt? Kreuze an.**

☐ Spieler A   ☐ Spieler B

4| **Du willst gewinnen. Welches Feld ist wichtig?**

Feld Nummer ☐ ist wichtig.

Wer gewinnt das Nim-Spiel?

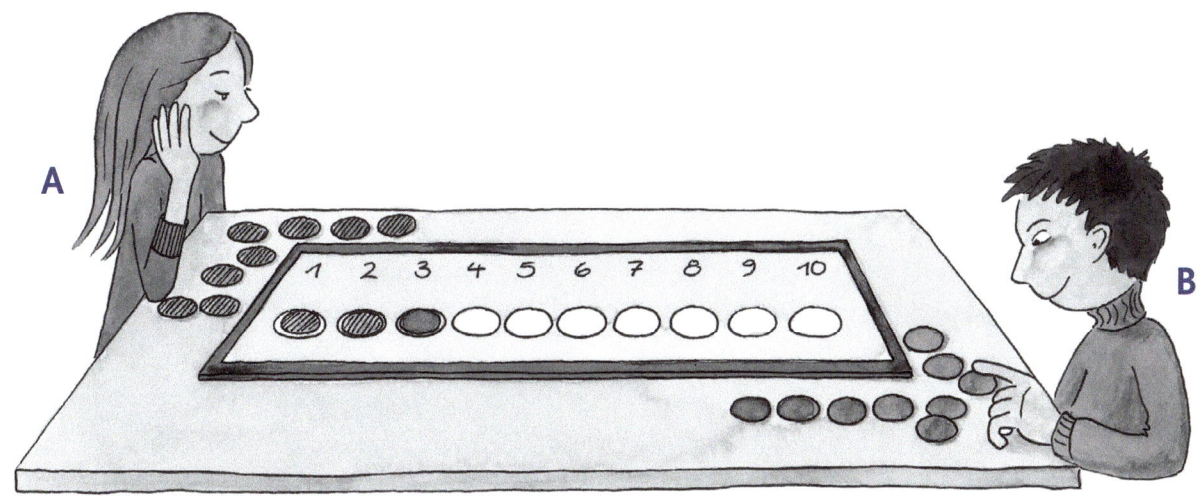

1| **Wohin haben die Spieler A und B ihre Plättchen gelegt? Schreibe auf.**

Spieler A hat auf Nummer _____ gelegt.

Spieler B _____

2| **Das Spiel geht weiter. Wie können beide Spieler die Plättchen legen? Male oben und schreibe hier auf!**

Spieler A kann auf Nummer _____ legen.

Spieler B kann dann _____

Spieler A _____

Spieler B _____

3| **Wer hat das Spiel gewonnen? Schreibe auf.**

Der Spieler _____

4| **Du willst gewinnen. Wie heißt der Trick? Welches Feld ist wichtig?**

Ich muss mein Plättchen auf Feld Nummer _____

Nummer _____ ist wichtig.

Wer gewinnt das Nim-Spiel?

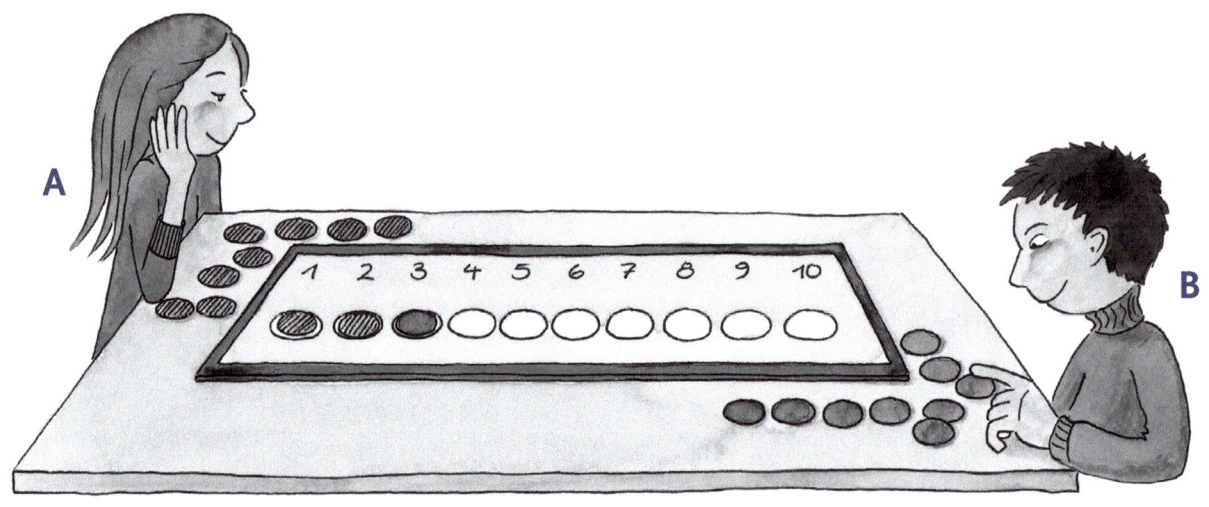

1| **Wie haben die Spieler A und B ihre Plättchen bisher gelegt? Schreibe auf.**

Spieler A hat seine Plättchen auf Nummer _____ gelegt.

Dann hat Spieler B _____

2| **Wie kann das Spiel weitergehen? Wohin können beide Spieler ihre Plättchen legen? Male oben aus und schreibe hier auf.**

Spieler A kann auf Nummer _____ legen.

Dann _____

Danach _____

Am Ende _____

3| **Wer hat das Spiel am Ende gewonnen? Schreibe auf.**

Am Ende hat _____

4| **Du willst das Spiel gewinnen. Wie heißt der Trick? Was kannst du tun?**

Ich kann zuerst _____

dann _____

Wer gewinnt das Nim-Spiel?

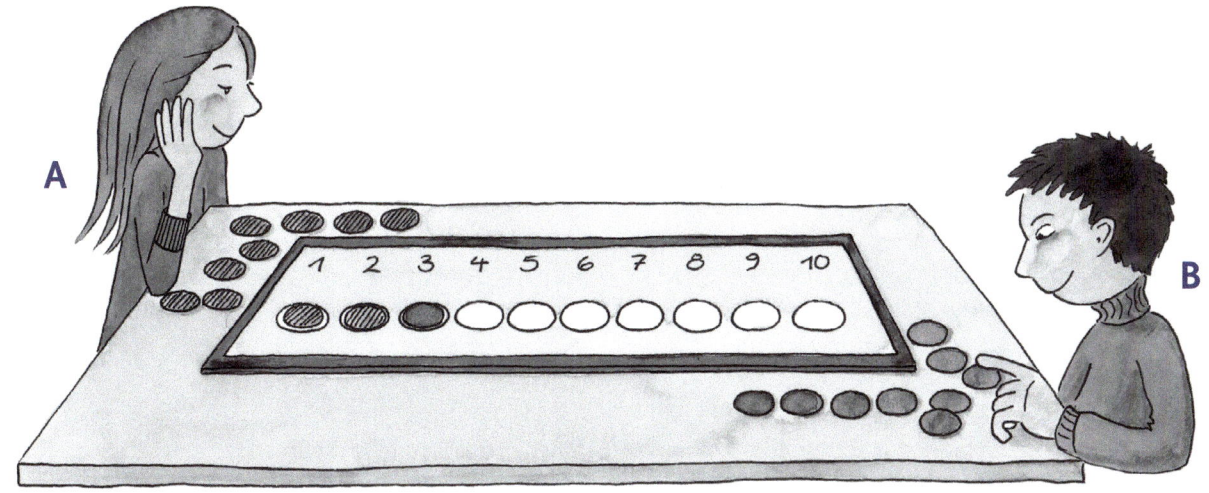

1| **Auf welche Nummern haben beide Spieler bis jetzt ihre Plättchen gelegt? Schreibe auf.**

Spieler A hat auf Nummer _____ gelegt.

Dann hat _____

2| **Wie könnte das Spiel weitergehen?**
Male oben aus und schreibe hier auf!

Wenn Spieler A _____ Plättchen auf Nummer _____ legt,

dann kann Spieler B _____ Plättchen auf Nummer _____ legen.

Wenn _____ ,

dann _____

3| **Wer hat das Spiel am Ende gewonnen? Schreibe auf.**

Der Spieler _____ ,

weil _____

4| **Du willst das Spiel gewinnen. Wie heißt der Trick?**
Beschreibe die Gewinnstrategie.

Wichtig ist, dass _____

ADDITION UND SUBTRAKTION
Plus- und Minusgeschichten erzählen

Wenn Kinder in die Schule kommen, haben sie schon zahlreiche, wenn auch sehr unterschiedliche Erfahrungen mit dem Bereich Addition und Subtraktion gemacht. Im Mathematikunterricht müssen die Vorerfahrungen der Kinder aufgegriffen und systematisiert werden. Das ist von großer Bedeutung, da eine Vielzahl unterschiedlicher Sachsituationen durch Addition und Subtraktion abgebildet werden.

Beispiel 1: Das Ergebnis ist unbekannt.
a + b = ▢   a − b = ▢
(a und b sind die gegebenen Zahlen, ▢ ist die gesuchte Zahl)

Durch diesen Aufgabentyp werden dynamische Situationen (hinzukommen, wegnehmen/weggehen) und statische Situationen (Es sind 3 Männer und 5 Frauen im Raum, wie viel Personen sind es insgesamt?) notiert. Etwa 80 Prozent der Kinder lösen Aufgaben dieses Typs bei Schulbeginn bereits richtig.

Beispiel 2: Die Veränderung oder die Ausgangslage ist unbekannt.
a + ▢ = b   a − ▢ = b
▢ + a = b   ▢ − a = b

Aufgaben dieses Aufgabentyps werden häufig auch Ergänzungsaufgaben oder Aufgaben mit wechselnden Leerstellen genannt (z. B. Peter hat 7 Fußballbilder, Enes hat 3. Wie viel Fußballbilder hat Peter mehr?). Nur ca. 20 bis 30 Prozent der Kinder können solche Aufgaben anfangs richtig lösen.

Ob ein Kind eine Rechengeschichte lösen kann, hängt auch ganz entscheidend davon ab, dass die Sachsituation konkret-handelnd mit Material nachgespielt oder mit Anschauungsmaterial dargestellt wird.

Gerade für sprachlich schwächere Kinder stellen Rechengeschichten eine mehrfache Herausforderung dar. Sie müssen eine Sachsituation verstehen, versprachlichen und auf die mathematische Symbolsprache übertragen. Dabei scheitern viele Kinder bereits beim ersten Schritt, da ihnen schlicht der Wortschatz fehlt. Folgende sprachliche Bereiche sollten daher besonders geübt werden:

- Die mathematischen Fachbegriffe wie „Ergebnis", „plus" und „minus" etc. müssen erklärt und gesichert werden.
- Um die Rechenoperationen Addition und Subtraktion auszudrücken, stehen eine Vielzahl unterschiedlicher Verben zur Verfügung: z. B. „vergrößern, verkleinern, vermehren, vermindern, wegnehmen, ergänzen, dazufügen, fehlen auf, abziehen, hinzufügen". Die Einführung dieser Verben ermöglicht erst eine präzise Beschreibung der konkreten Sachsituation. Der Gebrauch der Verben muss häufig wiederholt werden. Dabei hilft eine Visualisierung wie beispielsweise ein Wortspeicher → S. 16.
- Schlüsselwörter wie „dazu, außerdem, davon, noch, zusammen" etc. sind bedeutungstragende Elemente einer Rechengeschichte und häufig der einzige Hinweis auf die entsprechende Rechenoperation. Die Schlüsselwörter werden am besten dadurch identifiziert, indem die Rechengeschichte zunächst konkret-handelnd erarbeitet wird. Im zweiten Schritt muss dann die Beziehung zwischen der Rechenart und dem Schlüsselwort gefunden werden.

Überblick über die Förderangebote

GESAMTE LERNGRUPPE

- Wortschatzerweiterung: Begriffe, die plus und minus ausdrücken
- Rechenoperationen im Kontext versprachlichen, Schlüsselwörter identifizieren
- eine Rechenoperation sprachlich und mathematisch präsentieren

 KV 1 Viele Wörter bedeuten PLUS und MINUS

 KV 2 Was passiert im Zoo?

FÖRDERHORIZONT 1

- passende Rechengeschichten und -aufgaben zuordnen
- einfache Aussagesätze und Schlüsselwörter verstehen

 KV 3 Rechengeschichten

FÖRDERHORIZONT 2

- kontextgestütztes Erzählen im Perfekt
- Schlüsselwörter im Kontext anwenden

 KV 4 Rechengeschichten

FÖRDERHORIZONT 3

- Schlüsselwörter anwenden
- Satzverbindungen (zuerst, dann, danach), Gebrauch der Inversionsstellung

 KV 5 Zahlenkarten legen und Rechengeschichten erfinden

FÖRDERHORIZONT 4

- Begründungen finden
- Kausalsätze anwenden (weil)

 KV 6 Wer findet die meisten Aufgaben?

Wortschatz

NOMEN die Aufgabe, das Rechenzeichen, das Gleichheitszeichen, der Platzhalter, der Unterschied, die Zahlenkarte, die Rechengeschichte, das Ergebnis, das Freigehege, das Elefantenhaus, das Affenhaus, der Stall, der Käfig, der Elefant, der Löwe, das Zebra, der Affe, die Vögel, der Baum, der Parkplatz, das Puzzle, die Teile, die Flasche, der Getränkekasten …

VERBEN zusammenzählen, zähle … zusammen, abziehen, ziehe … ab, wegnehmen von, nimm … weg, zerlegen, aufteilen, teile … auf, schätzen, berechnen, vergrößern um, verkleinern um, vermehren um, vermindern um, ergänzen bis, dazufügen, füge … dazu, hinzufügen, füge … hinzu, fehlen …

ADJEKTIVE mehr, weniger …

SONSTIGE dazu, außerdem, davon, zusammen, von, noch, plus, minus …

PHRASEN Wie viele sind es?, Werden es mehr oder weniger …?, Zuerst sind es …, dann sind es …, Der Unterschied ist …, Hier sind mehr/weniger …, Ich ziehe von der Zahl … die Zahl … ab. …

INTERFERENZEN

zerlegen → Fleisch zerlegen, einen Motor zerlegen

abziehen → einen Aufkleber abziehen, ein Bett abziehen

schätze → die Schätze

ANGEBOTE FÜR DIE GESAMTE LERNGRUPPE

 ### KV 1 Viele Wörter bedeuten PLUS und MINUS

MATERIAL/VORBEREITUNG Wortspeicherplakat, KV 1

DURCHFÜHRUNG Das Aufgreifen der Vorerfahrungen der Kinder und die Systematisierung dieser Vorerfahrungen gelingt, wenn die unterschiedlichen Sachverhalte interpretiert und in die mathematische Symbolsprache übersetzt werden können. Dort wird die Aufgabe gelöst und anschließend wieder auf den realen Sachverhalt übertragen. Ein Beispiel:
Ein Fußballteam hat 16 Spieler.
Das Team wird um 3 Spieler vergrößert.
16 + 3 = 19
Das Fußballteam hat jetzt 19 Spieler.

In diesem Beispiel drückt das Verb „vergrößern" die Rechenoperation Addition aus. Die zahlreichen anderen Verben, die die Operation Addition oder Subtraktion ausdrücken, werden über einen längeren Zeitraum fortlaufend eingeführt und geübt. Dazu legt die Lehrkraft ein Wortspeicherplakat an und trägt nach und nach gemeinsam mit den Kindern die verschiedenen Verben, die die Operation plus und minus beschreiben, ein.

+++ PLUS +++	--- MINUS ---
vergrößern	vermindern
dazufügen	abziehen
…….	…….

Anlass können verschiedene, einfache Rechengeschichten sein. Nachdem viele Begriffe eingeführt und wiederholt geübt worden sind, bearbeiten die SuS KV 1 in Partnerarbeit. Die bisher mündlich gebrauchten Begriffe werden jetzt schriftlich geübt und somit gefestigt. Bei dieser Übung ist es sinnvoll, jeweils ein sprachschwächeres und ein sprachkompetenteres Kind als Partner zuzuteilen.

TIPP FÜR DIE WEITERARBEIT Die SuS denken sich Rechengeschichten zu den einzelnen Wörtern aus und erzählen ihre Geschichte einem Partner.

> Die Partnerarbeit bietet sprachärmeren Kindern einen **ermutigenden Rahmen**, um sich zu äußern. Sprachkompetentere Kinder können als „Coach" Hilfestellungen leisten und trainieren dadurch ebenfalls ihre Sprachkompetenz.

KV 2 Was passiert im Zoo?

MATERIAL/VORBEREITUNG vergrößerte Bildkarten und mehrere Operationskarten von KV 2, eventuell laminieren; bei großen Gruppen mehrere Kartensätze vorbereiten

DURCHFÜHRUNG Die SuS treffen sich im Stuhlkreis und die Lehrkraft legt die Bildkarten mit den Zootieren in die Mitte. Sie vergewissert sich zunächst, ob die Tiernamen und die Begriffe „Freigehege, Elefantenhaus" etc. bekannt sind. Gegebenenfalls wird der Wortschatz im Vorfeld eingeführt und abgesichert.
Die Lehrkraft legt nun die zwei Karten einer Tierart und fragt: „Was passiert im Zoo?" Die SuS erzählen die Geschichte anhand der Bildkarten wahrscheinlich zunächst als Vorgang in ihrer Alltagssprache. Kinder auf Förderhorizont 1 und 2 können die Bilder als Unterstützung nehmen und auf die entsprechenden Tiere zeigen. Die Lehrkraft unterstützt die Kinder bei den Formulierungen und bietet auch entsprechende Schlüsselwörter wie „dazu, noch, zusammen" an. Wenn Kinder diese Wörter bereits verwenden, sollte sie sie aufgreifen und besonders betonen.

Beispiele für einfache Fragen (Förderhorizont 1 und 2):
„Wie viele Elefanten wohnen im Zoo?"
„Wie viele Elefanten sind im Freigehege und wie viele Elefanten sind im Elefantenhaus?"
„Wie viele Tiere sind das **zusammen**?"
„6 Elefanten gehen in das Elefantenhaus. 3 Elefanten bleiben **noch** im Freigehege. Wie viele Elefanten sind im Freigehege gewesen?"

Beispiele für anspruchsvollere Fragen (Förderhorizont 3 und 4):
„Wenn **zuerst** 3 Elefanten im Gehege waren und nun sind es 6 Elefanten, wie viele Elefanten müssen **dann** dazugekommen sein?"
„Es sind jetzt **noch** 9 Zebras im Gehege. Wie viele Zebras waren im Gehege, wenn vor einer Stunde 7 Zebras in den Stall gebracht worden sind?"

Anschließend ordnen die SuS die Operationskarten „PLUS", „MINUS", „Zusammen sind es", „?" den Bildern zu und formulieren jeweils die Aufgabe anhand dieser Fachbegriffe:
Beispiel:
„3 Elefanten + 6 Elefanten.
Zusammen sind es 9 Elefanten."
Die Lehrkraft sollte besonders darauf achten, Ergänzungsaufgaben zu legen, denn diese bereiten erfahrungsgemäß die größten Schwierigkeiten.
Beispiel:
„3 Elefanten + ?
Zusammen sind es 6 Elefanten."

Nachdem die gesamte Lerngruppe die Zoogeschichten einer Tierart kennengelernt hat, erzählen die SuS nun in kleinen Gruppen Zoogeschichten der anderen Tiere. Es empfiehlt sich, SuS auf unterschiedlichen Förderhorizonten in den Kleingruppen zu mischen. Die Lehrkraft unterstützt die Gruppen bei den Formulierungen und regt Ergänzungsaufgaben an.

> „Dazu, außerdem, davon, noch, von denen, zusammen" etc. sind **entscheidende Schlüsselwörter**, die die Rechenoperationen Addition und Subtraktion identifizieren. Diese „kleinen Wörter" sind häufig der einzige Hinweis auf die entsprechende Rechenoperation.
> Die Bedeutung der Schlüsselwörter kann nur dann im Kontext erschlossen werden, wenn der Sachverhalt als Geschichte erzählt, das Schlüsselwort herausgearbeitet und der entsprechenden Rechenart zugeordnet wird. Beispiel: „Erkan lädt 5 Freunde zu seinem Geburtstag ein. Alle 5 Freunde kommen zur Feier. Außerdem kommen noch 2 Kinder aus dem Nachbarhaus. Wie viele Gäste hat Erkan?" Die Lehrkraft kann durch folgende Fragen auf die Schlüsselwörter hinweisen:
> „Diese Rechengeschichte müsst ihr mit einer Plusaufgabe lösen. Welches Wort verrät euch, dass ihr eine Plusaufgabe rechnen müsst? Oder: Müsst ihr diese Rechengeschichte mit einer Plus- oder Minusaufgabe rechnen? Welches Wort verrät euch, welche Rechenart die richtige ist?"

ANGEBOT FÜR FÖRDERHORIZONT 1

KV 3 Rechengeschichten 👤 und 👥

MATERIAL/VORBEREITUNG KV 3, evtl. Wortliste und Formulierungshilfen als Tafelanschrieb oder auf Karteikarten

DURCHFÜHRUNG Nachdem die SuS mit den Zoogeschichten verschiedene Aufgabentypen kennengelernt und versprachlicht haben (Addition, Subtraktion, Ergänzungsaufgaben), bearbeiten sie nun KV 3 in Einzelarbeit. Hier sollen die Kinder Bilder von einfachen Rechengeschichten mit passenden Aufgaben und Rechengeschichten verbinden. Die Lehrkraft klärt zuerst die nichtmathematischen Begriffe (Puzzle, Teile, Parkplatz, Autos, Vogel, Baum, Getränkekasten, Flaschen, Kind). Im Anschluss an die Bearbeitung erzählen die Kinder einem Partner ihre Vorstellungen zum Ablauf der Rechengeschichten. Dabei wiederholen und festigen die SuS den neuen Wortschatz. Sie können auch die vorgegebenen einfachen Sätze als Muster verwenden. Die Bilder helfen als konkreter Kontext. Die Lehrkraft kann die Kinder in dieser Phase unterstützen, indem sie Formulierungstipps gibt und falsche Formulierungen korrigiert. Sie sollte auch auf den Gebrauch von Schlüsselwörtern hinweisen und sie besonders betonen.
Beispiele:
„Ich sehe auf dem Bild … Ich sehe außerdem …"
„Es fehlt/fehlen noch …"
„Es kommt/kommen … dazu."
„Zusammen sind es nun …"

LÖSUNG Bild 1: 15 − 4 = 11, 11 + 4 = 15; Bild 2: 5 + 2 = 7, 7 − 2 = 5; Bild 3: 12 − 2 = 10, 10 + 2 = 12; Bild 4: 3 + 2 = 5, 5 − 2 = 3

TIPP FÜR DIE WEITERARBEIT Die SuS malen eigene Bilder oder schneiden passende Bilder für einfache Rechengeschichten aus. Dazu notieren sie die entsprechenden Rechenoperationen und erklären diese anderen Kindern.

> Viele Rechengeschichten oder Rechenoperationen können Kinder nicht richtig formulieren. Häufig fehlen ihnen schon **alltagssprachliche Begriffe**. Diese Begriffe müssen daher stets geklärt und zusammen mit den Fachbegriffen gelernt werden. Geschieht das nicht, bleibt den Kindern der Zugang zu der betreffenden Aufgabe, aber auch zu dem der Aufgabe zu Grunde liegenden gedanklichen System verschlossen.

ANGEBOT FÜR FÖRDERHORIZONT 2

KV 4 Rechengeschichten 👥

MATERIAL/VORBEREITUNG KV 4

DURCHFÜHRUNG Nachdem die SuS mit den Zoogeschichten verschiedene Aufgabentypen kennengelernt und versprachlicht haben (Addition, Subtraktion, Ergänzungsaufgaben), bearbeiten sie nun KV 4 zusammen mit einem Partner. Die Lehrkraft vergewissert sich, ob die nichtmathematischen Begriffe bekannt sind. Die Kinder sollen dann möglichst viele Rechenaufgaben zu den vier Abbildungen finden. Am Ende erläutern die Kinder sich gegenseitig ihre Vorstellungen zum Ablauf der Rechengeschichten und die entsprechenden Rechenaufgaben. Da hier zeitliche Abfolgen beschrieben werden, üben die Kinder gleichzeitig den Gebrauch des Perfekts. Satzbausteine auf der KV dienen dabei als Hilfe.

LÖSUNG 2. 5 + 2 = 7, 2 + 5 = 7, 7 − 2 = 5, 7 − 5 = 2;
3. 11 + 4 = 15, 4 + 11 = 15, 15 − 4 = 11, 15 − 11 = 4;
4. 10 + 2 = 12, 2 + 10 = 12, 12 − 10 = 2, 12 − 2 = 10

> Kinder auf Förderhorizont 2 können verstärkt **Sätze mit Satzklammer** verstehen und bilden. Mit der Verwendung von Perfektformen beim Formulieren der Rechengeschichten üben sie eine Art dieser Satzklammer.

ANGEBOT FÜR FÖRDERHORIZONT 3

KV 5 Zahlenkarten und Rechengeschichten 👤 und 👥

MATERIAL/VORBEREITUNG für jedes Kind Zahlenkarten von 1 bis 9, Karten mit den Rechenzeichen + , − , = (z. B. kleine Karteikarten), KV 5

DURCHFÜHRUNG Die Lehrkraft bespricht mit den Kindern kurz die Aufgabenstellung: Kettenaufgaben legen und rechnen und am Ende eine konkrete Rechengeschichte dazu erzählen. Es empfiehlt sich, ein Beispiel mit den SuS gemeinsam durchzuspielen. Anschließend bearbeiten die SuS KV 5 in Einzelarbeit. Danach erläutern die Kinder einem Partner ihre Kettenaufgaben und die dazugehörigen Rechengeschichten. Die Lehrkraft unterstützt die Kinder und achtet darauf, dass die angegebenen Arbeitsschritte eingehalten werden.

TIPP FÜR DIE WEITERARBEIT Die SuS notieren weitere Kettenaufgaben und Rechengeschichten und erklären diese anderen Kindern.

> Wenn die Kinder zu den Kettenaufgaben Rechengeschichten erfinden, müssen sie eine **chronologische Abfolge beschreiben**. Dabei verbinden sie Sätze durch Zeitangaben miteinander (Zuerst, dann, danach, am Ende) und trainieren dadurch wiederholt die Inversionsstellung, die typisch für Förderhorizont 3 ist. KV 5 bietet Hilfe durch eigene Zeichnungen der Kinder.

ANGEBOT FÜR FÖRDERHORIZONT 4

KV 6 Wer findet die meisten Aufgaben?

MATERIAL/VORBEREITUNG immer zwei Kinder haben Zahlenkarten von 0 bis 9 (jede Zahl jeweils einmal), je eine Karte mit dem Plus- und dem Gleichheitszeichen, KV 6

DURCHFÜHRUNG Jeweils zwei Kinder arbeiten zusammen. Die Kinder sollen mit den Zahlenkarten Plusaufgaben legen und dabei möglichst viele Aufgaben finden. Die Aufgaben werden ins Heft geschrieben. In einem zweiten Schritt reflektieren die SuS ihr Vorgehen und bearbeiten KV 6. Die SuS begründen ihr Vorgehen, warum keine Verdopplungsaufgaben und keine Aufgaben, bei denen ein Summand 0 ist, möglich sind. Anschließend tauschen sich die SuS mit anderen Partnern aus. Durch den Austausch in der Kleingruppe wiederholen die SuS bereits geübte sprachliche Strukturen.

TIPP FÜR DIE WEITERARBEIT Die SuS notieren Minusaufgaben und erläutern ihr strategisches Vorgehen.

> Auf Förderhorizont 4 sollen Kinder zunehmend komplexere Sätze mit Nebensätzen bilden. Die Begründungen auf KV 6 fördern die Verwendung von **Nebensatzstrukturen mit kausaler Verknüpfung** wie „Das ist so, weil …".

ANGEBOT FÜR DIE GESAMTE LERNGRUPPE

Nachdem die SuS auf ihren Förderhorizonten Rechengeschichten erfunden, beschrieben bzw. ihr strategisches Vorgehen diskutiert haben, werden neue Vierergruppen gebildet, möglichst mit je einem Kind aus Förderhorizont 1 bis 4. Die SuS können jetzt Einblicke in die Arbeitsweisen und die Arbeitsergebnisse aller Gruppen bekommen. Jedes Kind stellt der Gruppe eine seiner Aufgaben von den KV vor. Die Sprachhandlungen der SuS mit den Förderhorizonten 1 und 2 werden durch das Bildmaterial gestützt. Sprachkompetentere Kinder trainieren, sich verständlich zu äußern und sprachärmeren Kindern Formulierungshilfen anzubieten.

Viele Wörter bedeuten PLUS und MINUS

Kennst du diese Wörter? Alle diese Wörter bedeuten entweder PLUS oder MINUS.
Schneide alle Wörter aus. Klebe sie in die richtige Spalte.
Arbeite mit deinem Partner.
Kennst du noch mehr Wörter für PLUS und MINUS?

+++++ PLUS +++++	- - - - - MINUS - - - - -

vergrößern um	verkleinern um	vermehren
vermindern	hinzufügen	abziehen
den Unterschied berechnen	die Summe berechnen	verringern
zusammenzählen	wegnehmen	dazufügen

Was passiert im Zoo?

?

PLUS   MINUS   ZUSAMMEN SIND ES

+   **−**   **=**

Rechengeschichten

Welche Rechenaufgabe gehört zu welchem Bild?
Schau dir die Bilder genau an.
Verbinde mit der richtigen Rechenaufgabe und Rechengeschichte.

1 |

Das Kind nimmt 2 Flaschen.
$12 - 2 = 10$

Zusammen sind es 5 Vögel.
$3 + 2 = 5$

2 |

4 Teile fehlen noch.
$15 - 4 = 11$

Wie viele Flaschen sind es zusammen?
$10 + 2 = 12$

3 |

2 Vögel fliegen weg.
$5 - 2 = 3$

Ich sehe 7 Autos.
$5 + 2 = 7$

4 |

4 Teile kommen noch dazu.
$11 + 4 = 15$

2 Autos fahren weg.
$7 - 2 = 5$

Rechengeschichten

Zu jedem Bild passen viele Geschichten. Zu jeder Geschichte gibt es eine Rechenaufgabe.
Schreibe zu jedem Bild möglichst viele Aufgaben.
Erzähle dann deinem Partner deine Rechengeschichten.

1 |

$3 + 2 =$

$2 + 3 =$

$5 - 2 =$

$5 - 3 =$

2 |

3 |

4 |

Diese Satzbausteine helfen dir:

Ich sehe ❧ ich sehe außerdem ❧ sind weggeflogen ❧ kommen dazu ❧ hat herausgenommen ❧ Zusammen sind es ❧ fehlen noch ❧ sind schon da ❧ parken ein ❧ sind weggefahren

Zahlenkarten legen und Rechengeschichten erfinden

1| Nimm deine Zahlenkarten mit den Zahlen 2, 6, 7 und 8.
Mit diesen Zahlenkarten kannst du verschiedene Rechenaufgaben legen. Schreibe dazu vier Aufgaben auf.
Denke dir dann zu einer Aufgabe eine Geschichte aus und male sie.
Erzähle deinem Partner deine Rechengeschichte.

(6) (7) (8) (2)

6 + 7 − 8 + 2 =

Diese Satzbausteine helfen dir bei deiner Rechengeschichte:

Zuerst sehe ich ❧ Zuerst sind es ❧ Zuerst gibt es ❧ Zuerst habe ich ❧ Dann ❧ kommen ... dazu ❧ Von den ... verschwinden ❧ gehen ... weg ❧ fahren weg ❧ außerdem ❧ am Ende kommen noch ... dazu

2| Wähle vier andere Zahlenkarten und lege neue Aufgaben.
Male eine Rechengeschichte dazu.

Wer findet die meisten Aufgaben?

(0)(1)(2)(3)(4)(5)(6)(7)(8)(9)(+)(=)

**Legt die Zahlenkarten von 0 bis 9 und die Karten mit dem Pluszeichen und dem Gleichheitszeichen auf den Tisch.
Bildet Aufgaben mit drei Zahlenkarten. Wie viele Aufgaben findet ihr?
Schreibt so ins Heft:**

6 + 2 = 8,   5 + 4 = 9,   …

Schreibt auf, wie ihr das gemacht habt:

1 | In welcher Reihenfolge habt ihr die Aufgaben gelegt?

Wir haben zuerst alle Aufgaben mit 1 + … = gerechnet.
Dann haben wir ….

2 | Warum könnt ihr diese Aufgaben nicht legen? 2 + 2 = 4, 3 + 3 = 6

Das geht nicht, weil

3 | Warum könnt ihr keine Aufgaben mit der Zahl 0 legen?

Das geht nicht, weil

ZÄHLEN
Reime und Lieder im Anfangsunterricht

Wenn Kinder in die Schule kommen, verfügen sie schon über zahlreiche Zählerfahrungen. Die meisten Kinder können bis 20 und viele schon darüber hinaus zählen. Der Anfangsunterricht baut auf diesen Vorkenntnissen auf.

Die SuS lernen nun gemeinsam das Rückwärtszählen, von einer bestimmten Zahl aus weiterzuzählen und in Schritten zu zählen. Beim Zählen werden die SuS auch mit den verschiedenen Aspekten des Zahlbegriffs (z. B. Ordinalzahl: 1, 2, 3 …, Ordnungszahl: 1., 2. …, Kardinalzahl: 2 Bücher, 3 Bücher …, Maßzahl: 1 m, 2 m …) konfrontiert. An die Zählerfahrungen der Kinder kann in den ersten Schulwochen gut durch Reime, Lieder, Sprachspiele und Abzählverse angeknüpft werden. Diese sollten täglich geübt und gesprochen werden. Reime und Lieder haben einen großen Reiz für alle Kinder und eignen sich für unterschiedliche Sprachniveaus.

Beim Zählen, beim Sprechen und Schreiben von Zahlen müssen sprachliche Stolpersteine beachtet werden, die gerade Kindern mit anderer Herkunftssprache Schwierigkeiten bereiten. Dazu gehören die Bereiche Aussprache und Wortbildung, aber auch die Diskrepanz zwischen der Sprech- und Schreibweise von Zahlen ab 13. Viele Zahlwörter im Deutschen sind nicht ganz einfach auszusprechen wie beispielsweise „acht", „sechzig". Andere klingen sehr ähnlich und können dadurch leicht verwechselt werden: „vierzehn – vierzig", „fünfzehn – fünfzig". Beim Sprechen der Zahlwörter ist es daher sehr wichtig, dass die Lehrkraft selbst langsam und deutlich spricht und den Kindern genügend Zeit einräumt, die korrekte Aussprache zu üben.

Bei der Wortbildung gibt es ebenfalls Besonderheiten, wie etwa das Wort „siebzig", statt „siebenzig", im Gegensatz zu „fünf" und „fünfzig". Dazu kommen beim Thema Zählen häufig trennbare Verben vor (abzählen, weiterzählen, zusammenzählen …), die typisch für die deutsche Sprache sind, aber gerade für Kinder auf Förderhorizont 1 das Verständnis erschweren. Die Bedeutung der Komposita „Zahlenreihe, Zahlenfolge, „Vorgänger" und „Nachfolger" kann nur mit Hilfe von Anschauungsmaterial und präziser sprachlicher Unterstützung geklärt werden. Bei den Begriffen „Vorgänger" und „Nachfolger" bereiten die Wortbestandteile „vor" und „nach" Probleme, da sie nicht eindeutig sind. Der Vorgänger von 5 ist 4, also immer die um – 1 kleinere Zahl. „Vor" wird sonst aber auch im Sinne von „voraus" gebraucht, was im mathematischen Kontext dann die nächstgrößere Zahl wäre. Ebenso der Begriff „Nachfolger". Der Nachfolger von 5 ist 6, also die um + 1 größere Zahl. Der Wortbestandteil „nach" bedeutet in einem anderen Zusammenhang aber auch „hinter" oder „hinterher".

Überblick über die Förderangebote

GESAMTE LERNGRUPPE

- Einführung von Zahlen, Sprech- und Schreibweise von Zahlen kennenlernen
- Zählen: abzählen, weiterzählen, vorwärts-/rückwärtszählen
- Zählstrategien versprachlichen
- trennbare Verben üben
- Fachbegriffe einführen und üben (Zahlenreihe, Anzahl, Vorgänger, …)

Abzählvers: 1, 2, 3, 4, 5, 6, 7, eine alte Frau kocht Rüben

Sprachspiel: 1, 2, 3, 4, 5, 6, 7, wo ist meine Frau geblieben

Lied: Zehn kleine Fische

Wortschatz

NOMEN die Zahl, die Anzahl, die Zahlenreihe, die Zahlenfolge, der Vorgänger, der Nachfolger, die Frau, die Rüben, der Speck, Amerika, die Fische, das Meer, der Hai, die Mutter …

VERBEN zählen, abzählen, zähle … ab, weiterzählen, zähle … weiter, zusammenzählen, zähle … zusammen, rückwärtszählen, vorwärtszählen …

ADJEKTIVE viel (wie viel), weit (wie weit) …

SONSTIGE vorwärts, rückwärts, vor, nach, hinter, zwischen, ab, bis, (vorwärts) ab, (rückwärts) bis …

PHRASEN Ich zähle ab … (der Zahl) …, Ich zähle (die Fische) … ab, Ich zähle von … weiter., Der Vorgänger/Nachfolger von … heißt …, Wie weit kannst du zählen? …

INTERFERENZEN
Vorgänger → nach vorne/vorausgehen
Nachfolger → hinterhergehen
zusammenzählen → zusammen zählen …

ANGEBOTE FÜR DIE GESAMTE LERNGRUPPE

Abzählvers: 1, 2, 3, 4, 5, 6, 7

1, 2, 3, 4, 5, 6, 7
eine alte Frau kocht Rüben,
eine alte Frau kocht Speck,
und du bist weg.

MATERIAL Bildkarten mit Zahlen oder Punktemengen von 1 bis 7

DURCHFÜHRUNG Die Lehrkraft vergewissert sich, ob die Bedeutung der Begriffe wie „Rüben" und „Speck" bekannt ist. Gegebenenfalls werden die Begriffe erklärt. Der Reim ist so leicht und eingängig, dass alle Kinder ihn erfahrungsgemäß schon nach kurzer Zeit nachsprechen können.
Der Abzählvers kann auf verschiedene Art und Weise gesprochen werden:
- Chorsprechen mit der gesamten Lerngruppe. Dabei sollte die Lehrkraft darauf achten, dass die ersten Silben der Wörter „sieben" und „Rüben" besonders deutlich betont werden.
- Sieben SuS erhalten jeweils eine Zahlwortkarte und stellen sich damit vor die Klasse. Jedes Kind spricht seine Zahl, den Reim spricht die gesamte Lerngruppe.
- Die Lehrkraft oder ein Kind zeigt auf Zahlenkarten oder Punktemengen (1 bis 7). Die gesamte Lerngruppe spricht zuerst die gezeigte Zahl und dann den ganzen Vers im Chor.
- Die SuS dichten einen neuen Abzählvers, indem sie einzelne Elemente neu erfinden und austauschen:
alte Frau: alte, junge, nette Lehrerin, schnelle Schwimmerin, gute Turnerin
kocht: isst, mag, schält, pflanzt, verkauft
- Der Reim wird erweitert: 1, 2, 3, 4, 5, 6, 7, 8 – eine alte Frau ist aufgewacht, hat sich etwas ausgedacht, hat die Küche sauber gemacht …

Kinder auf Förderhorizont 1 und 2 werden sicherlich Unterstützung beim Variieren der Abzählverse brauchen. Die Lehrkraft kann ihnen an der Tafel Reimworte und Satzmuster an die Hand geben.

Durch das gemeinsame Singen und Sprechen erhalten besonders sprachlich schwächere Kinder ein Gefühl für den Sprachrhythmus und die Sprachmelodie der deutschen Sprache. Die häufige Wiederholung der Satzmuster trainiert neben der Festigung der Zahlwortreihe syntaktische Strukturen auf spielerische Weise. Auch die Zahlenfolge prägt sich so mathematisch und sprachlich ein. Die Kinder lernen die Sprachmuster implizit, ohne sie langweilig zu empfinden. An dieser Stelle ist ein **fächerverbindendes Arbeiten** mit dem Deutsch- und dem Musikunterricht sehr sinnvoll. Reime eignen sich gut, Kinder zu Beginn einer Unterrichtsstunde oder zwischendurch nach einer Gruppenarbeitsphase wieder zusammenzubringen und zu sammeln.

Sprachspiel: 1, 2, 3, 4, 5, 6, 7

1, 2, 3, 4, 5, 6, 7
wo ist meine Frau geblieben?
Sie ist nicht hier,
sie ist nicht da,
sie ist wohl in Amerika.

DURCHFÜHRUNG Auch dieses Sprachspiel kann auf verschiedene Art und Weise gesprochen werden:
- Chorsprechen mit der gesamten Lerngruppe
- Rückwärtszählen: 12, 11, 10, 9, 8, 7
- Die SuS ab Förderhorizont 3 können den Abzählvers variieren und beispielsweise die Possessivpronomen ersetzen: meine, deine, seine, unsere Frau
- Das Wort „Frau" wird durch andere Nomen ersetzt. Beim Einsetzen von Nomen mit anderem Genus (Mann, Fußball – er; Kind, Buch – es) wird die Zuordnung von Nomen und Personalpronomen implizit geübt.

Besonders beim Gebrauch der Pronomen werden die Kinder zusätzliche sprachliche Unterstützung durch die Lehrkraft benötigen. Kinder der unteren Förderhorizonte können dann im Anschluss die neuen Verse gemeinsam sprechen und dadurch ihren allgemeinen Wortschatz spielerisch erweitern.

💬 Es gibt in jeder Sprache Abzählverse und Reime. Neben Reimen und Abzählversen in Deutsch sollten auch Verse aus anderen Herkunftssprachen der Kinder Bestandteil des Unterrichts sein. Dadurch erfahren die Kinder **Anerkennung ihrer Lebenswelt** und werden in ihrer Identität und somit auch in ihrer Lernmotivation gestärkt. Eine gute Ausbildung der Herkunftssprache wirkt sich zudem positiv auf das Erlernen der Zweitsprache aus. Kinder mit deutscher Muttersprache lernen andere Sprachen kennen und profitieren ebenso.

Zehn kleine Fische 👥

Zehn kleine Fische, die schwammen im Meer. (blubb, blubb, blubb)
Da sagte die Mutter: Ich warne euch sehr.
Kommt lieber hier in den kleinen Teich,
denn im Meer gibt es Haie und die fressen euch gleich.
Schwupp, schwupp,
schwuppschwubidubi
Schwupp, schwupp,
schwuppschwubidubi

Neun kleine Fische, …
Acht kleine Fische, …
…
Zwei kleine Fische …

Ein kleiner Fisch, der schwamm im Meer.
Da sagte die Mutter: Ich warne dich sehr.
Komm lieber hier in den kleinen Teich,
denn im Meer gibt es Haie und die fressen dich gleich.
Schwupp …

MATERIAL/VORBEREITUNG eventuell pro Kind Liedtext für die Liedermappe, Zahlenkarten, Bildkarten mit Punktemengen von 1 bis 10; die Melodie des beliebten Liedes ist sehr bekannt und lässt sich leicht nachsingen, auf youtube findet man mehrere Varianten davon

DURCHFÜHRUNG Die Lehrkraft stellt das Lied vor und klärt zunächst den Wortschatz (Fische, Hai, Teich usw.). Dann wird die erste Strophe mehrmals gesungen. Die Kinder bekommen die Aufgabe, sich zusammen oder mit einem Partner Bewegungen zum Lied auszudenken, z. B. jeweils Anzahl der Fische mit den Fingern zeigen, Wellenbewegungen mit der Hand, erhobener Zeigefinger für den Text der Mutter, Schnappbewegungen mit der Hand für den Hai usw. Nach und nach werden alle Strophen gesungen und mit den entsprechenden Bewegungen unterstützt. Dabei müssen nicht immer alle zehn Strophen gesungen werden, möglich wäre auch, z. B. mit fünf Fischen zu beginnen.

VARIATIONEN

- Das Lied kann auch gespielt werden. Dazu stehen zehn Kinder vor der Klasse, immer ein Kind geht weg. Ein weiteres Kind spielt den Mutterfisch und andere Kinder die Haie.
- Beim Singen zeigt die Lehrkraft oder ein Kind auf entsprechende Zahlenkarten oder Punktemengen (10 bis 1).
- Das Lied kann im Kunstunterricht weitergeführt werden. Die Kinder malen, basteln oder falten Bilder mit Fischen. Bei der Präsentation ihrer Bilder erklären sie, welcher Fisch gerade wegschwimmt und üben somit auf spielerische Weise gleichzeitig den Gebrauch der Ordnungszahlen: „Auf meinem Bild schwimmt der 1., 2. … Fisch gerade weg."

💬 Die durch den Wechsel im Text (9 Strophen Pluralformen, 1 Strophe Singularformen) bedingten Veränderungen (kleine – klein, schwammen – schwamm, euch – dich, kommt – komm) sollten von der Lehrkraft besonders betont und durch Gesten unterstützt werden. Wenn für sprachlich schwächere Kinder die Verbformen im Präteritum (schwammen etc.) noch zu schwer sind, kann das Lied auch im Präsens gesungen werden: Zehn kleine Fische, die schwimmen im Meer, …

Zahlenschreibweise im Sprachvergleich 👥

MATERIAL/VORBEREITUNG Tabelle mit Zahlenschreibweisen in unterschiedlichen Sprachen

DURCHFÜHRUNG Die Sprech- und Schreibweise von Zahlen ist in jeder Sprache ganz unterschiedlich. Im Deutschen weicht die Schreib- und Sprechweise der Zahlen ab 13 vom üblichen Lesefluss (von links nach rechts) ab. So lesen und sprechen wir beispielsweise bei der Zahl 27 siebenundzwanzig statt zwanzig sieben, was eigentlich logischer wäre. Anhand einer Tabelle mit Zahlwörtern in unterschiedlichen Sprachen (als Lernplakat, als Tafelanschrift) kann man Sprachvergleiche anstellen und die Unterschiede zwischen Sprech- und Schreibweise von Zahlen im Deutschen üben. Eine Möglichkeit wäre, die Kinder in Kleingruppen aufzuteilen. Jedes Kind erhält eine unterschiedliche Aufgabe: Ein Kind nennt eine zweistellige Zahl und schreibt diese an die Tafel oder ins Heft. Ein zweites Kind trägt die Zahl in eine Stellenwerttafel ein. Ein Kind mit einer anderen Herkunftssprache nennt das Zahlwort in seiner Muttersprache.

	Z	E	
18			
achtzehn	1	8	on sekiz

Alle drei Kinder erklären danach der gesamten Gruppe: „Ich schreibe zuerst die Zehner, dann die Einer. In Deutsch spreche ich aber zuerst die Einer, dann die Zehner. In Türkisch spreche ich so, wie ich schreibe: Zuerst die Zehner, dann die Einer."

In Vergleichsstudien wurde nachgewiesen, dass die Unregelmäßigkeiten bei der Zahlwortbildung im Deutschen auch die Entwicklung des Stellenwertverständnisses erschwert. Die Zahlenschreibweise muss daher im Anfangsunterricht für Kinder aller Förderhorizonte bewusst thematisiert werden.

Zählstrategien versprachlichen

Zählstrategien werden erworben, wenn die Systematik des Zählvorgangs bewusst gemacht wird. Das gelingt, wenn die SuS lernen, die Zählstrategie zu versprachlichen. Die Unterschiede zwischen zählen, abzählen, weiterzählen und in Schritten zählen müssen anhand der jeweiligen konkreten Situation beschrieben werden.
Hier ein Beispiel für die Zählstrategie „Weiterzählen":
- Beim Weiterzählen ist zu beachten, dass die erste Zahl zwar genannt, aber nicht gezählt wird. Der Prozess des Weiterzählens beginnt mit der Nennung der ersten Zahl und wird dann mit dem Vorwärts- bzw. Rückwärtszählen fortgesetzt. Die erste Zahl sollte daher deutlich betont gesprochen werden, danach erfolgt eine Pause und erst dann wird weitergezählt. Für jede gezählte Zahl kann ein Finger ausgestreckt werden. Dieses Vorgehen hilft, häufig gemachte Fehler bei Additions- und Subtraktionsaufgaben um +1 oder −1 zu vermeiden.
- Der Zählprozess kann gleichzeitig an der Tafel notiert werden. „Zähle von 4 weiter." Die Zahl 4 wird fett markiert, die folgende Sprechpause durch einen Strich verdeutlicht, danach die folgenden Zahlen notiert – 5, 6, 7, 8, … Nachdem diese Übung mehrmals durchgeführt worden ist, erarbeitet die Lehrkraft mit den Kindern, diese Zählstrategie zu versprachlichen. „Beim Weiterzählen zählen wir die erste Zahl nicht, wir sagen nur, wie die erste Zahl heißt. Wir machen eine Pause und zählen dann vorwärts/rückwärts weiter."

Trennbare Verben mündlich einüben

Trennbare Verben kommen beim Thema Zählen häufig vor. Sie sollten immer getrennt und ungetrennt gesprochen werden, um den Zusammenhang zu verdeutlichen: „abzählen – Zähle bitte die Plättchen ab." Eine besondere Betonung der beiden zusammengehörigen Teile und Handbewegungen (Bogen vom unbetonten Teil zum betonten Teil) unterstützen das Verständnis. An der Tafel werden die beiden Teile des Verbs markiert, sodass der Zusammenhang auch optisch deutlich wird.

	Deutsch	Englisch	Türkisch	Russisch	Italienisch
10	zehn	ten	on	desjat	dieci
11	elf	eleven	on bir	odinnadzat	undici
12	zwölf	twelve	on iki	dwenadzat	dodici
13	dreizehn	thirteen	on üç	trinadzat	tredici
14	vierzehn	fourteen	on dört	tschetyrnadzat	quattordici
15	fünfzehn	fifteen	on beş	pjatnadzat	quindici
16	sechzehn	sixteen	on alti	schestnadzat	sedici
17	siebzehn	seventeen	on yedi	semnadzat	diciassette
18	achtzehn	eighteen	on sekiz	wosemnadzat	diciotto
19	neunzehn	nineteen	on dokuz	dewjatnazat	diciannove
20	zwanzig	twenty	yirmi	dwadzat	venti
21	einundzwanzig	twenty-one	yirmi bir	dwadzatodin	ventuno
22	zweiundzwanzig	twenty-two	yirmi iki	dwadzatdwa	ventidue

💬 Trennbare Verben fallen mehrsprachigen Kindern oft besonders schwer. Die Trennung der beiden Teile des Verbs bedingt die sogenannte Satzklammer. „Ich **zähle** die roten Plättchen **ab**." Erst Kinder, die den Förderhorizont 2 erreicht haben, sind in der Lage, Sätze mit trennbaren Verben richtig zu bilden. Da der Gebrauch dieser Verben im Anfangsunterricht unerlässlich ist, muss die Lehrkraft darauf achten, die Verben immer auch in der (ungetrennten) Infinitivform zu benutzen: abzählen.

Fachbegriffe im Kontext üben

Die fachsprachliche Bedeutung der für das Zählen so wichtigen Begriffe „Zahlenreihe, Zahlenfolgen, Anzahl, Vorgänger" und „Nachfolger" muss durch Fragen und Erklärungen seitens der Lehrkraft verdeutlicht werden.

Beispiele für einfache Fragen (Förderhorizont 1 und 2):
„In dem Wort Zahlenreihe sind zwei Wörter versteckt. Wie heißen die zwei Wörter?"
„Was ist eine Zahlenreihe?"
„Wie heißt der Vorgänger (die Vorgängerzahl) von 5? Ist die Vorgängerzahl immer kleiner oder größer als 5?"

Beispiele für anspruchsvollere Fragen (Förderhorizont 3 und 4):
„5 ist der Vorgänger (die Vorgängerzahl) von 6. Warum ist 5 der Vorgänger von 6?"
„7 ist der Nachfolger (die Nachfolgerzahl) von 6. Warum ist 7 der Nachfolger von 6?"

ZAHLEN VERGLEICHEN
Größer oder kleiner, mehr oder weniger?

Mengen, Größen, Längen, Geldbeträge, Gewichte und viele andere Dinge können oder müssen verglichen werden. Im Alltag werden für Vergleiche zahlreiche Begriffe gebraucht: mehr – weniger, schwerer – leichter, kürzer – länger, höher – niedriger, schneller – langsamer, größer als, umso mehr usw.

In der mathematischen Symbolsprache werden alle diese unterschiedlichen Situationen mit den Zeichen <, >, = abgebildet. Der Vergleich konkreter Dinge oder Ereignisse wird jetzt nicht mehr verbal beschrieben, sondern durch Repräsentanten allgemeingültig ausgedrückt. Kinder müssen diese „Übersetzungsleistungen" von der einen in die andere Ebene üben. Dafür werden zunächst konkret-handelnd Dinge miteinander verglichen. Diese Vergleiche müssen dann mehrfach korrekt versprachlicht werden. „Mein Papa ist größer als du. Ich habe mehr Fußballbilder als du gesammelt. Ein Auto kann schneller als ein Fahrrad fahren" usw. Durch diesen handlungsorientierten Zugang können Kinder später die Repräsentanten mit konkreten Vorstellungen verknüpfen.

Die Sprache baut die Brücke zwischen den alltäglichen Situationen und der mathematischen Symbolsprache. Daher muss gerade bei Kindern mit nichtdeutscher Muttersprache auf mögliche Stolpersteine geachtet werden. Zuerst müssen die Begriffe der zu vergleichenden Gegenstände bekannt sein. Die Lehrkraft kann dieses nichtmathematische Vokabular einüben, indem sie
- die Begriffe nennt und häufig wiederholen lässt,
- die Begriffe auf Wortkarten oder an die Tafel schreibt,
- die Begriffe beschreibt oder beschreiben lässt. „Eine Geldbörse ist …; Ich brauche eine Geldbörse für …"

Auch die Vergleichsstufe der Adjektive und die dazugehörigen Satzmuster (Peter ist größer/kleiner als …, Ich habe mehr Plättchen/weniger Plättchen als …) müssen immer wieder eingeübt werden. Dies geschieht implizit durch häufiges Wiederholen der Satzmuster an konkreten Beispielen.

Um die Differenzmenge bestimmen zu können, nimmt die Präposition „um" eine Schlüsselstellung ein. „5 ist um 3 größer als 2." Die Lehrkraft muss auf die Bedeutung der Präposition „um" in diesem Kontext im Unterschied zu der Bedeutung der Präposition in anderen Kontexten (um 3 Uhr, um Köln herum …) hinweisen.

Überblick über die Förderangebote

GESAMTE LERNGRUPPE
- Gegenstände korrekt bezeichnen (nichtmathematischer Wortschatz)
- verschiedene Gegenstände zählen und beschreiben
- verschiedene Gegenstände und ihre Eigenschaften miteinander vergleichen (Vergleichsstufe)
- Vergleiche in der mathematischen Symbolsprache (<, >, =) notieren
- Differenzmenge bezeichnen

FÖRDERHORIZONT 1
- mit Schüttelboxen Mengen vergleichen
- einfache Aussagesätze mit der Vergleichsstufe verstehen: mehr/weniger

 KV 1 Wie viele Kugeln sind es?

FÖRDERHORIZONT 2
- mit Würfeln Mengen vergleichen
- Vergleichsstufe: mehr/weniger als …
- trennbares Verb: anzeigen

 KV 2 Größer oder kleiner?

FÖRDERHORIZONT 3
- Rechengeschichten verstehen und erzählen: Was verändert sich?
- Satzreihen: Dann/Jetzt/Am Ende ist …
- Vergleichsstufe: mehr/weniger als …

 KV 3 Was verändert sich?

FÖRDERHORIZONT 4
- Kausalsätze: … ist größer, weil …
- Vergleichsstufe: mehr/weniger als …

 KV 4 Zahlen vergleichen

Wortschatz

NOMEN der Gegenstand, der Vergleich, die Menge, die Schüttelbox, das Fach, die Kugel, der (Steck)Würfel, das Plättchen, der Turm, die Murmel, das Lineal …

VERBEN vergleichen, unterscheiden, bestehen aus …

ADJEKTIVE groß (größer als), hoch (höher als), lang (länger als), kurz (kürzer als), schwer (schwerer als), klein (kleiner als), leicht (leichter als), teuer (teurer als), billig (billiger als), mehr (mehr als), weniger (weniger als), gleich groß …

SONSTIGE genau, in etwa, doppelt so, halb so, gleich, um, mit …

PHRASEN Wie viele … sind es?, Wie viel mehr/weniger als … sind es?, Ich vergleiche … mit …, Etwas ist größer/kleiner als …, … ist gleich groß wie …, … ist doppelt/halb so groß wie …, ist um 2/3/4 größer/kleiner als …

ANGEBOT FÜR DIE GESAMTE LERNGRUPPE

Gegenstände und Vorgänge beschreiben und vergleichen

MATERIAL/VORBEREITUNG Wortkarten, verschiedenartige Alltagsgegenstände (verschieden in Form, Anzahl, Größe, Material, Gewicht) und Veranschaulichungsmittel (Plättchen, Steckwürfel) bereitstellen oder auch von den Kindern mitbringen lassen bzw. Bildkarten mit geeigneten Abbildungen nutzen.
Für folgende Vergleiche sollte Material bereitliegen:
- höher/niedriger (z.B. Steckwürfeltürme)
- weniger/mehr (z.B. Stifte, Hefte, Plättchen, Würfel)
- leichter/schwerer (z.B. Bildkarten verschiedener Tiere: Elefant, Vogel; Hefte, Bücher)
- länger/kürzer (z.B. Lineale; auch Instrumente wie Glockenspiel und Holzblocktrommel, um längere und kürzere Töne zu erzeugen; eine Trommel, auf der mehr Schläge oder weniger Schläge getrommelt werden können)
- schneller/langsamer (z.B. Bildkarten: Fahrrad, Rennauto; auch Instrumente, auf denen schneller oder langsamer gespielt wird)
- teurer/billiger (z.B. Gegenstände oder Abbildungen mit Preisschildern)
- älter/jünger (z.B. Abbildungen von Personen mit Altersangaben)

Die Materialien werden im Klassenraum an unterschiedlichen Stellen aufgebaut. Jeder Präsentationstisch/jede Station ist mit den entsprechenden Wortkarten ausgestattet: höher als – niedriger als … Die Symbole für „größer, kleiner, gleich" können für alle sichtbar zusätzlich an der Tafel fixiert werden.

DURCHFÜHRUNG Die Gruppe lernt zunächst gemeinsam die Gegenstände an den Stationen kennen. Die Lehrkraft achtet darauf, dass alle Kinder die Gegenstände korrekt benennen können und strukturiert das gemeinsame Gespräch:

Beispiele für einfache Fragen (Förderhorizont 1 und 2):
„Was ist/sind das?"
„Wie heißt dieser Gegenstand/heißen diese Gegenstände?"
„Welche Farbe(n) hat/haben dieser Gegenstand/diese Gegenstände?"

Beispiele für anspruchsvollere Fragen (Förderhorizont 3 und 4):
„Beschreibe diese Gegenstände!"
„Wie sieht/dieser Gegenstand/sehen diese Gegenstände aus?"

Nachdem der Wortschatz geklärt ist, werden die Gegenstände an den Stationen miteinander verglichen. Dazu bilden die Kinder kleine „Expertengruppen", in denen SuS aller Förderhorizonte gemischt sind. Die Lehrkraft weist darauf hin, dass die SuS jetzt Mathematikexperten sind und somit die Sprache der Mathematik gebrauchen sollen.
Lehrkraft: „Wenn Mathematikexperten zwei Sachen miteinander vergleichen sagen sie:
 … ist größer/kleiner als …
 … ist länger/kürzer als … usw.
 und schreiben > = <."

Jede Gruppe soll die Dinge an einer Station zunächst mündlich vergleichen und danach ihre Ergebnisse aufschreiben. Die Lehrkraft unterstützt die Kleingruppen abwechselnd mit passenden Satzmustern. Am Ende präsentiert jede Gruppe ihre Vergleiche an einer Station in der Sprache der Mathematik der gesamten Klasse.

Beispiele für einfache Fragen und Impulse (Förderhorizont 1 und 2):
„Wie viel(e) … sind es hier? Wie viel(e) … sind es dort?"
„In welcher Gruppe/Wo sind mehr/weniger …?"
„Welches Lineal ist länger/kürzer? Das rote oder das weiße Lineal?"

Beispiele für anspruchsvollere Fragen und Impulse (Förderhorizont 3 und 4):
„Warum ist dieser Steckwürfelturm höher als der andere?"
„Kannst du erklären, warum dieses Lineal länger ist als das andere?"
„Vergleiche die Töne der Holzblocktrommel mit den Tönen des Glockenspiels."

Die Materialien sollten längere Zeit im Klassenraum ausgestellt bleiben, damit die SuS immer wieder daran arbeiten können.

💬 Für nachhaltiges sprachliches Lernen sind Wiederholungen sehr wichtig. Nur durch **eine ausreichende Zahl von Wiederholungen** schleifen sich Satzmuster und sprachliche Strukturen ein. Ein Kind benötigt ca. 8 bis 10 Wiederholungen, um ein neues Wort aus dem Lautstrom zu filtern, ca. 20 Wiederholungen, um dem neuen Wort eine Bedeutung zuzuordnen, und ca. 50 bis 80 Wiederholungen, um es dann eigenständig zu gebrauchen.

ANGEBOT FÜR FÖRDERHORIZONT 1

KV 1 Wie viele Kugeln sind es?

MATERIAL Schüttelkasten für jedes Kind, KV 1

DURCHFÜHRUNG Die Kinder sitzen im Halbkreis mit ihren Schüttelkästen/Schüttelboxen vor der Tafel.
Die Kinder schütteln ihre Box und nennen nacheinander die Ergebnisse. Die Lehrkraft notiert die Ergebnisse an der Tafel und wiederholt dabei einfache Satzmuster:
Beispiel:
„Im ersten Fach sind 3 Kugeln. Im zweiten Fach sind 5 Kugeln.
Im ersten Fach sind **weniger** Kugeln **als** im zweiten Fach.
Die Zahl 3 ist **kleiner als** die Zahl 5. 3 < 5"

1. Fach 2. Fach
3 Kugeln 5 Kugeln   3 < 5

Die Lehrkraft kann beim Sprechen den Zusammenhang von „größer = mehr" und „kleiner = weniger" auch durch besondere Betonung unterstreichen und die Begriffe zusätzlich farblich markieren. Im Anschluss bearbeiten die SuS in Einzelarbeit KV 1.

ANGEBOT FÜR FÖRDERHORIZONT 2

KV 2 Größer oder kleiner? und

MATERIAL zwei Würfel in möglichst unterschiedlichen Farben für jedes Kind, KV 2

DURCHFÜHRUNG Die Kinder sitzen im Halbkreis mit ihren Würfeln vor der Tafel. Die Kinder würfeln nacheinander und nennen ihre Ergebnisse. Die Lehrkraft gibt dafür Satzmuster vor und achtet auf die sprachliche und mathematische Richtigkeit. Bei entsprechender Leseleistung der SuS schreibt die Lehrkraft die Satzmuster an die Tafel, sonst wiederholt sie die Satzmuster mehrfach mündlich.
Beispiel:
„Der blaue Würfel zeigt 5 Punkte an. Der weiße Würfel zeigt 3 Punkte an.
Der blaue Würfel zeigt die größere Zahl an. 5 ist größer als 3. Die Zahl 5 ist größer als die Zahl 3. 5 > 3"

Die Lehrkraft notiert die Ergebnisse an der Tafel:

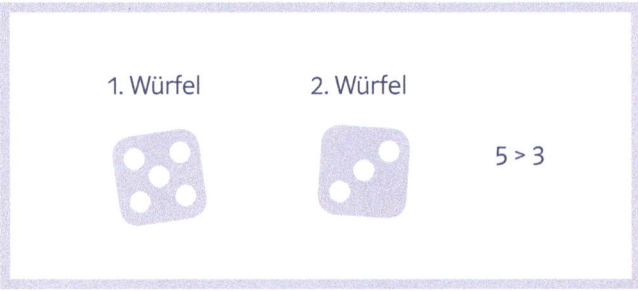

Im Anschluss bearbeiten die SuS in Einzelarbeit KV 2.

💬 Die SuS vergleichen unterschiedliche Dinge zunächst in der Alltagssprache. Dabei lernen sie die verschiedenen Formulierungen dafür kennen (mehr/weniger, länger/kürzer …). Die Lehrkraft stützt das mathematische Lernen der Kinder, indem sie verschiedene Situationen beschreiben lässt und parallel dazu die Vergleiche in der mathematischen Symbolsprache notiert. Gleichzeitig üben die Kinder die Vergleichsformen von Adjektiven.

ANGEBOT FÜR FÖRDERHORIZONT 3

KV 3 Was verändert sich? und

MATERIAL verschiedene Gegenstände: Steckwürfel, Würfel, Bücher, Bälle usw., KV 3

DURCHFÜHRUNG Die Kinder sitzen im Halbkreis vor der Tafel. Die Lehrkraft stellt zwei Steckwürfeltürme, die beide aus vier Steckwürfeln einer Farbe bestehen, auf und erzählt eine Rechengeschichte.

Lehrkraft: „Da stehen zwei Türme. Unterscheiden sich diese Türme?"
Danach setzt sie auf einen der Türme zwei weitere Steckwürfel und fragt:
„Unterscheiden sich die beiden Türme jetzt?"

Zunächst werden die SuS den „Anbau" umgangssprachlich beschreiben.
„Du hast noch zwei Steckwürfel drauf gemacht."

Die Lehrkraft erinnert die SuS daran, dass sie als Mathematikexperten in der Sprache der Mathematik formulieren sollen und gibt Satzmuster vor:
„Jetzt hat der linke Turm 6 Steckwürfel und der rechte 4 Steckwürfel."
„Jetzt ist der linke Turm höher als der rechte Turm."
„Jetzt besteht der linke Turm aus 6 Steckwürfeln und der rechte Turm besteht aus 4 Steckwürfeln."

Nachdem das Beispiel besprochen ist, bearbeiten die Kinder in Partnerarbeit KV 3.

TIPP FÜR DIE WEITERARBEIT Die SuS denken sich eigene Rechengeschichten für Vergleiche aus, z. B.
- zu Bücherstapel,
- Bälle/Spielsachen etc. in zwei Kisten sortieren,
- zwei gleich große Gruppen bilden, dann kommen andere Kinder dazu …

Die Lehrkraft hilft bei den Formulierungen: Zuerst …, dann (jetzt) …

> Die Kinder leiten die mathematische Symbolsprache „größer, kleiner, gleich" vom konkreten Beispiel der Steckwürfel ab und üben gleichzeitig Sätze mit Inversionsstrukturen, da sie eine zeitliche Abfolge beschreiben müssen.

ANGEBOT FÜR FÖRDERHORIZONT 4

KV 4 Zahlen vergleichen oder

MATERIAL Die Lehrkraft wählt Gegenstände aus und nimmt jeweils 4 und 6 Teile, z. B. 6 rote Plättchen, 4 blaue Plättchen – Turm mit 6 Steckwürfeln, Turm mit 4 Steckwürfeln – Preisschild 6 €, Preisschild 4 € usw.; KV 4

DURCHFÜHRUNG Die Kinder sitzen im Halbkreis vor der Tafel. Die Gegenstände sind gut sichtbar ausgestellt.
Die Lehrkraft fragt: „Warum ist die Zahl 6 größer als die Zahl 3?
Warum ist die Zahl 3 kleiner als die Zahl 6?"
Die Lehrkraft sammelt die Antworten der SuS und strukturiert sie an der Tafel.

> Die SuS „übersetzen" die Notation der mathematischen Symbolsprache < > in die Alltagssprache. Diese Modellierungsaufgabe gelingt nur, wenn die „Übersetzung" gedanklich und sprachlich bewältigt werden kann. Die Struktur des Kausalnebensatzes und die Vergleichsform „mehr als" werden von der Lehrkraft vorgegeben. Sie achtet darauf, dass die Satzstrukturen korrekt gebraucht und oft wiederholt werden. Diese Wiederholungen ermöglichen ein implizites sprachliches Lernen. Die Einübung der Struktur des Kausalsatzes verbindet das fachliche und sprachliche Lernen.

Die Lehrkraft unterstützt die SuS beim Gebrauch der richtigen Formulierungen:
„Die Zahl 6 ist größer als die Zahl 3, weil …
- 6 Steckwürfel mehr sind als 3 Steckwürfel.
- 6 € mehr sind als 3 €.
- 6 Plättchen mehr sind als 3 Plättchen …"

Im Anschluss bearbeiten die SuS in Einzel- oder Partnerarbeit KV 4.

TIPP FÜR DIE WEITERARBEIT Der nächste Schritt beim Vergleichen zweier Gegenstände, Personen usw. besteht darin, den Unterschied, also die Differenzmenge, zu bestimmen. „Die Zahl 5 ist um 2 größer als die Zahl 3." Übungen, die bereits durchgeführt wurden, können nun wiederholt werden. Jetzt werden die Gegenstände aber nicht nur verglichen, sondern es wird der Unterschied benannt und die Differenzmenge bestimmt.

💬 Die Bestimmung der Differenzmenge ist sprachlich schwierig und kann entweder mit der Präposition „um" oder mit der Frage „wie viel mehr, schneller …" oder durch eine Kombination beider Formen „um wie viel mehr …" ausgedrückt werden. Die Lehrkraft stellt dazu **die passenden sprachlichen Mittel** zur Verfügung: um – wie viel mehr – um wie viel mehr der Unterschied/die Differenz

Wie viele Kugeln sind es?

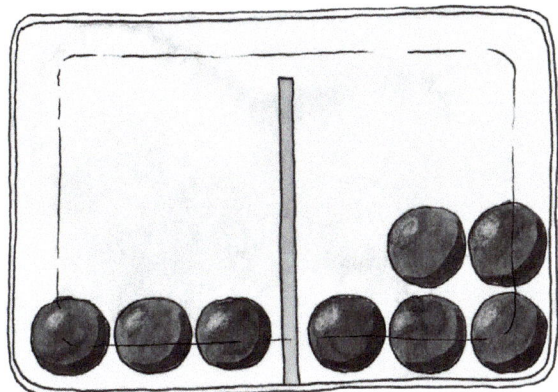

Im 1. Fach sind 3 Kugeln.
Im 1. Fach sind weniger Kugeln.

Im 2. Fach sind 5 Kugeln.
Im 2. Fach sind mehr Kugeln.

Die Zahl 3 ist kleiner als die Zahl 5.   3 < 5

Schüttle deine Box und zeichne. Unterstreiche die richtigen Wörter.

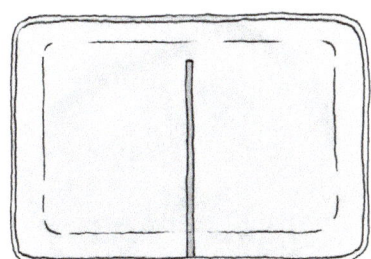

Im 1. Fach sind weniger/mehr Kugeln.

Im 2. Fach sind weniger/mehr Kugeln.

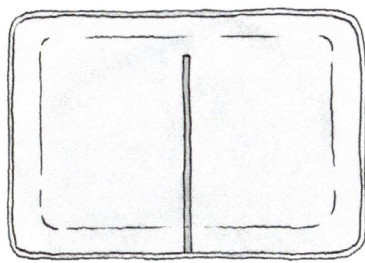

Im 1. Fach sind weniger/mehr Kugeln.

Im 2. Fach sind weniger/mehr Kugeln.

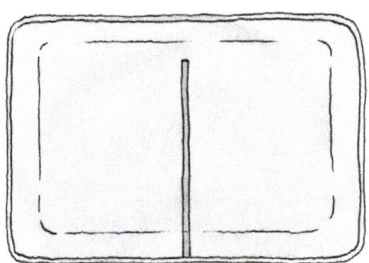

Im 1. Fach sind weniger/mehr Kugeln.

Im 2. Fach sind weniger/mehr Kugeln.

Größer oder kleiner?

5 Punkte sind mehr als 3 Punkte.

5 > 3

**Vergleiche. Streiche die Wörter durch, die nicht stimmen.
Schreibe die Aufgabe dazu.**

1| 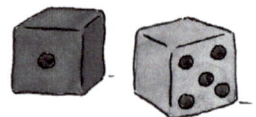 Der große Würfel zeigt mehr / weniger Punkte an als der kleine Würfel.

5   3

2|  Das große Buch ist teurer als / billiger als das kleine Buch.

8 €   2 €

3|  12 Murmeln sind mehr als / weniger als 7 Murmeln.

12

4| 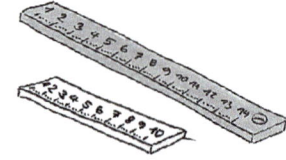 Das helle Lineal ist länger als / kürzer als das dunkle Lineal.

10 cm

Was verändert sich?

1 | **Vergleiche die beiden Türme.**
Turm A besteht aus 4 Steckwürfeln,
Turm B besteht aus ___ Steckwürfeln.

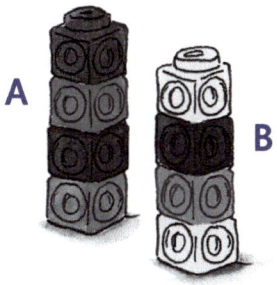

Emine baut noch zwei Steckwürfel auf Turm A.
Welcher Turm ist jetzt höher?

Jetzt ist Turm A _____ Turm B.

Ich schreibe: 6 > 4

2 | **Du baust immer einen der Türme höher. Zeichne die neuen Steckwürfel ein. Vergleiche die beiden Türme. Welcher Turm ist am Ende höher?**

Turm A besteht aus _____ Steckwürfeln.

Turm B _____

Ich zeichne _____ dazu.

Jetzt ist Turm _____

Ich schreibe: _____

Turm A besteht aus _____ Steckwürfeln.

Turm B _____

Ich zeichne _____

Jetzt _____

Ich schreibe: _____

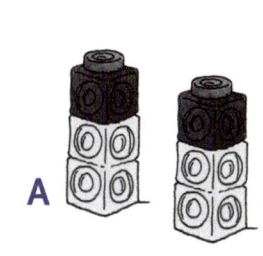

Zahlen vergleichen

3 < 9   9 > 3

1 | Warum ist die Zahl 3 kleiner als die Zahl 9? Schreibe auf.

Die Zahl 3 ist kleiner als die Zahl 9, weil 3 Plättchen weniger sind als 9 Plättchen.

Die Zahl 3 ist kleiner als die Zahl 9, weil _____

Die Zahl 3 ist kleiner als die Zahl 9, weil _____

2 | Warum ist die Zahl 9 größer als die Zahl 3? Begründe.

Die Zahl 9 ist größer als die Zahl 3, weil 9 cm länger sind als 3 cm.

Die Zahl 9 ist größer als die Zahl 3, weil _____

Die Zahl 9 ist größer als die Zahl 3, weil _____

~~weniger~~ ▪ kürzer ▪ kleiner
mehr ▪ länger ▪ größer

RECHNEN MIT GELD
Beim Einkaufen

Der Bereich Rechnen mit Geld umfasst folgende Einzelaspekte: Geldmünzen und Scheine kennenlernen und unterscheiden, Geldbeträge legen und die Geldwerte bestimmen, Geldwerte unterschiedlich darstellen, Geldbeträge wechseln und Geldbeträge in unterschiedlichen Schreibweisen (z. B. Kommaschreibweise) angeben. Das Rechnen und der Umgang mit Geld ist ein sehr komplexes Thema, da ein Geldbetrag mit vielen verschiedenen Münzen und Scheinen gelegt werden kann oder häufig auch gelegt werden muss. Rechnen mit Geld wird am besten handlungsorientiert in verschiedenen Einkaufssituationen eingeübt. Rollenspiele „Beim Einkaufen", „Im Geschäft", „Auf dem Volksfest" o. Ä. beinhalten automatisch das Bezahlen eines oder mehrerer Gegenstände mit unterschiedlichen Münzen und Scheinen und Übungen zur Berechnung des Wechselgeldes. So werden neben der Entwicklung des Geldwertbegriffs auch arithmetische Fähigkeiten geschult. Um Einkaufssituationen spielen zu können, müssen die SuS Gegenstände im Singular und Plural benennen können: „Ich kaufe einen Fußball. – Ich kaufe zwei Fußbälle." Die Lehrkraft sollte darauf achten, dass bei den vorgeschlagenen Rollenspielen Gegenstände sowohl in der Singular- als auch in der Pluralform benannt und die Formen korrekt gebraucht werden. Beim Thema Rechnen mit Geld muss im Vorfeld die Bedeutung folgender Zusammensetzungen mit dem Wortbaustein „Geld" geklärt werden: „der Geldwert, der Geldbetrag, das Rückgeld, das Münzgeld, das Taschengeld, das Wechselgeld". Die Bedeutung der Begriffe kann dabei durch sprachliche Expansion verdeutlicht werden, also durch Umschreibungen: „Das Wort Geldwert bedeutet, wie viel Wert das/mein Geld hat. Ich weiß, wie viel ich mir für das/mein Geld kaufen kann." Hier bietet sich fächerübergreifendes Arbeiten mit dem Deutschunterricht an, um die Wortbildungsregeln zu thematisieren. Als Beispielwörter können verstärkt Komposita gewählt werden, die für das Thema Rechnen mit Geld gebraucht werden.

Die Bedeutung der abstrakten Begriffe „Wert – Geldwert", „Preis", „Betrag", „Möglichkeit/en" muss anhand von konkreten Beispielen durch eine strukturierte Unterrichtssprache eingeführt werden. Die Lehrkraft erläutert z. B. die Bedeutung des Wortes „Preis", indem sie verschiedene Gegenstände mit Preisschildern präsentiert und passende Satzmuster einführt: „Das Auto hat einen Preis von 12 €. Die Puppe hat einen Preis von 20 €. Welchen Preis hat der Teddy?"

Überblick über die Förderangebote

GESAMTE LERNGRUPPE

- Euro- und Cent-Münzen kennenlernen
- Singular- und Pluralbildung von Nomen üben
- Wortschatzerweiterung: Schul- und Spielsachen
- Negationswort „kein"
- Bedeutung abstrakter Nomen erkennen: Wert, Preis, Möglichkeit

 KV 1 Wie teuer sind …?

FÖRDERHORIZONT 1

- einfache Aussagesätze verstehen
- Verneinung mit dem Negationswort „kein"

 KV 2 Ich kaufe ein

FÖRDERHORIZONT 2

- Satzklammer mit Perfektformen
- Verneinung mit dem Negationswort „kein"

 KV 3 Ich kaufe ein

FÖRDERHORIZONT 3

- Inversionsstellung („Damit kann ich … bezahlen") verwenden
- Verneinung mit dem Negationswort „kein"

 KV 4 Ich kaufe ein

FÖRDERHORIZONT 4

- Begründen: Nebensatzstrukturen mit „wenn … dann" und „weil"
- Verneinung mit dem Negationswort „kein"

 KV 5 Ich kaufe ein

WORTSCHATZ

NOMEN das Geld, der Geldbetrag, das Spielgeld, das Rechengeld, das Rückgeld, das Wechselgeld, der (Geld)Schein, die (Geld)Münze, der Cent, die Cent-Münze, der Euro, der Euro-Schein, der Wert, der Preis, der Unterschied, die Möglichkeit, die Ware, der Anspitzer, der Radiergummi, der Klebestift, der Bleistift, die Schere, das Heft, das Buch, der Ball, die Puppe, der Teddy, das Springseil, der Tischtennisschläger …

VERBEN legen, wechseln, bezahlen, sparen, (ein)tauschen, geben, kosten – das kostet, zurückbekommen – bekomme … zurück, ausrechnen – rechne … aus, eintragen, trage … ein …

ADJEKTIVE gemischte (Geldbeträge), teuer, billig, verschieden, möglich …

SONSTIGE mehr (Geld), weniger (Münzen), möglichst wenige/viele (Münzen), noch, dazu, nur, kein …

PHRASEN Ich habe … Euro, Cent., Ich kaufe …, Das kostet …, Ich möchte … kaufen., Ein Buch kostet …/ Zwei Bücher kosten …, Ich bezahle mit …, Ich bekomme … zurück., Ich wechsle …, Ich lege …

INTERFERENZEN
der Schein → das Licht
kosten → probieren
gemischte (Geldbeträge) → gemischte Karten

ANGEBOTE FÜR DIE GESAMTE LERNGRUPPE

Euro- und Cent-Münzen kennenlernen

MATERIAL/VORBEREITUNG magnetisches Spielgeld oder Spielgeld/Rechengeld

DURCHFÜHRUNG Die Lehrkraft heftet verschiedene Euro- und Cent-Münzen an die Tafel. Wenn kein magnetisches Spielgeld vorhanden ist, können die Münzen natürlich auch auf den Boden gelegt werden. Die Lehrkraft fordert die SuS auf, das Geld genauer zu untersuchen und Unterschiede und Gemeinsamkeiten zu nennen. Die Formulierung „Zähle das Geld" sollte vermieden werden, da die Gefahr besteht, dass die SuS die Anzahl der Münzen und nicht deren Wert ermitteln.

Beispiele für einfache Fragen und Impulse (Förderhorizont 1 und 2):
„Welchen Wert hat diese Münze/dieser Geldschein?"
„Gibt es eine 3-Cent-Münze, eine 7-Cent-Münze …?"
„Ein Fußball hat einen Preis von 12 €. Mit welchen Scheinen und Münzen kannst du den Fußball bezahlen?"
„Du sollst 1 € nur mit 20-Cent-Münzen bezahlen. Wie viele Münzen brauchst du?"

Beispiele für anspruchsvollere Fragen und Impulse (Förderhorizont 3 und 4):
„Warum kannst du einen Preis von 12 € nicht mit einer Münze oder einem Schein bezahlen?"
„Wenn du einen Betrag von 1 € nur mit Cent-Münzen bezahlen kannst, welche Möglichkeiten hast du dann?"

KV1 Wie teuer sind …? und

MATERIAL/VORBEREITUNG Rechengeld für jedes Kind, verschiedene Gegenstände (oder Bilder davon), die mit Preisschildern versehen sind, KV1

DURCHFÜHRUNG Die Lerngruppe trifft sich im Stuhlkreis. Bevor die Spielsituation beginnt, sorgt die Lehrkraft dafür, dass die Begriffe für die dargestellten/vorhandenen Gegenstände geklärt werden. Die Bezeichnungen der Gegenstände werden sowohl im Singular als auch im Plural genannt. Die Pluralformen können an der Tafel oder auf Plakaten im Klassenraum für alle Kinder sichtbar als Merkhilfe präsentiert werden.

Die Lehrkraft spielt eine Einkaufssituation vor. Die SuS haben Rechengeld und dürfen nun ebenfalls einkaufen. Sie müssen angeben, welche Gegenstände sie einkaufen möchten/eingekauft haben und wie teuer diese Gegenstände sind. Bei einer großen Gruppe empfiehlt sich die Aufteilung in kleinere Untergruppen, um den Kindern möglichst viel Raum zum Sprechen zu geben.

Beispiele für einfache Fragen und Impulse (Förderhorizont 1 und 2):
„Was ist das …? Wie heißt dieser Gegenstand?"
„Wie viele (Fußbälle) siehst du?"
„Wie viel kostet eine Tüte Bonbons?"
„Wie viel kosten drei Tüten Bonbons?"
„Ich kaufe … Was kaufst du?"
„Ich bezahle mit …"

Beispiele für anspruchsvollere Fragen und Impulse (Förderhorizont 3 und 4):
„Wenn 1 T-Shirt 10 € kostet, wie viel kosten dann 2 (3, 4) T-Shirts?"
„Du hast einen 10-Euro-Schein und schon 4 € für ein Spiel ausgegeben. Welche Gegenstände kannst du mit dem Restgeld noch kaufen?"
„Du hast 5 (4, 3, 2) Münzen/Scheine. Welche Geldwerte können das sein?"

Im Anschluss bearbeiten die Kinder KV1 in Einzelarbeit. Dabei lernen sie verschiedene Nomen im Singular und Plural kennen.

TIPP FÜR DIE WEITERARBEIT SuS auf höheren Förderhorizonten können mit einem Partner anspruchsvollere Aufgaben zu KV1 formulieren und ausrechnen, z. B. „Wie viel kosten 2 Hefte, 3 Radiergummis und 1 Schere?".

> Die Pluralbildung im Deutschen ist sehr vielfältig und besonders für Kinder mit anderer Herkunftssprache schwierig. Bei der Wortschatzarbeit ist es daher immer wichtig, **Pluralformen häufig zu wiederholen** und die Endungen deutlich auszusprechen. Mit KV1 trainieren die Kinder verstärkt die korrekten Formen der Nomen im Plural und erweitern dadurch auch ihren Alltagswortschatz. Um die Einkaufssituation auf der KV sprachlich korrekt zu erklären, müssen die SuS vier verschiedene Möglichkeiten der Pluralbildung beherrschen.

ANGEBOT FÜR FÖRDERHORIZONT 1–4

 KV 2–5 Ich kaufe ein 👥👥 **und** 👤

MATERIAL/VORBEREITUNG Rechengeld für jedes Kind, Realien oder Abbildung von Gegenständen, die mit Preisschildern versehen sind.

DURCHFÜHRUNG Die SuS sitzen in Gruppen entsprechend ihrer Förderhorizonte. Jedes Kind erhält ein Kärtchen mit vorstrukturierten Satzmustern. Die Lehrkraft spielt jeweils eine Verkaufssituation vor und wendet dabei die vorformulierten Satzmuster an. Danach kaufen alle SuS der Reihe nach ein. Die Lehrkraft betreut die Gruppen, beobachtet die sprachliche und mathematische Richtigkeit und korrigiert gegebenenfalls.

Gruppe 1
Ich kaufe …
Der Preis ist …
Ich brauche … Münzen.
Ich bezahle mit …
Ich rechne: …

Gruppe 2
Ich möchte … kaufen
Der Preis ist …
Ich muss … Münzen haben.
Ich kann mit … bezahlen.
So habe ich gerechnet: …

Gruppe 3
Heute möchte ich … kaufen.
Zuerst kaufe ich …, dann brauche ich noch …
Am Ende bezahle ich mit …
Dann rechne ich so: …

Gruppe 4
Ich möchte mir gern … kaufen, weil …
Da der Preis … beträgt, brauche ich … Münzen.
Die Ware kostet …, deshalb …
Ich kann mit … bezahlen, weil …
Meine Rechnung: …

Nach dieser Gruppenarbeitsphase bearbeiten die SuS in Einzelarbeit die KV 2 bis 5 entsprechend ihrem Förderhorizont.

LÖSUNG KV1: 3€ + 3€ = 6€, 2€ + 2€ + 2€ = 6€, 4€ + 4€ + 4€ + 4€ = 16€, 50 ct + 50 ct = 100 ct, 5€ + 5€ + 5€ = 15€, 1€ + 1€ + 1€ + 1€ = 4€

> Beim Aspekt „Geldbeträge legen" muss sehr häufig die Verneinung des unbestimmten Artikels „ein" verwendet werden. In der deutschen Sprache wird diese **Verneinung durch das Wort „kein"** realisiert: „Ich habe keine 2-Euro-Münze." Diese Verneinungsform ist eine Besonderheit der deutschen Sprache und fällt Kindern mit anderer Herkunftssprache erfahrungsgemäß schwer und sollte daher besonders geübt werden. KV 2 bietet eine einfache Aufgabenstellung zum Ankreuzen für Kinder auf Förderhorizont 1, die SuS auf den höheren Förderhorizonten können mit vorgegebenen Satzbausteinen arbeiten.

Wie teuer sind ...?

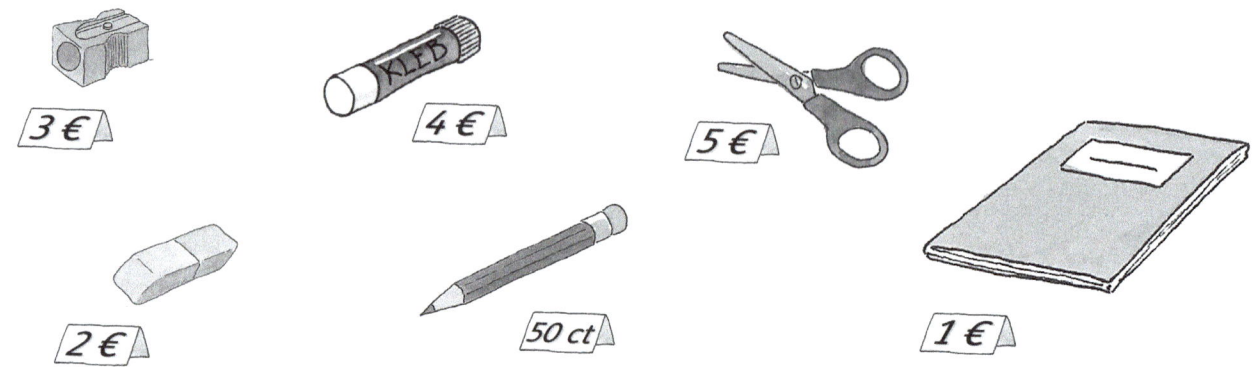

1 | **Was kosten diese Schulsachen? Rechne aus!**
1 Anspitzer kostet 3 Euro. 2 Anspitzer kosten 6 Euro.

3€ + 3€ = 6€

1 Radiergummi kostet   . 3 Radiergummis kosten   .

1 Klebestift kostet   . 4 Klebestifte kosten   .

1 Bleistift kostet   . 2 Bleistifte kosten   .

1 Schere kostet   . 3 Scheren kosten   .

1 Heft kostet   . 4 Hefte kosten   .

Ich kaufe ein

1| **Du kaufst 3 Sachen. Schreibe auf und rechne.**

Ich habe 2 Münzen.
Ich kaufe ein Buch.
Ich habe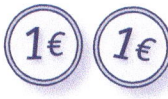
Ich rechne: 1€ + 1€ = 2€

Ich habe 3 Münzen. Ich kaufe _____
Ich habe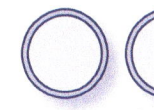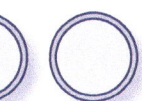

Ich rechne:

Ich habe 4 Münzen. Ich kaufe _____
Ich habe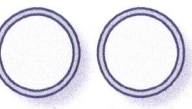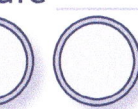

Ich rechne:

Ich habe 5 Münzen. Ich kaufe _____
Ich habe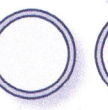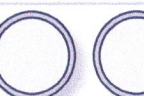

Ich rechne:

2| **Was kaufst du nicht? Kreuze an.**

☐ Ich kaufe kein Buch.   ☐ Ich kaufe keine Puppe.
☐ Ich kaufe keinen Ball.   ☐ Ich kaufe keinen Teddy.
☐ Ich kaufe kein Springseil.   ☐ Ich kaufe keinen Tischtennisschläger.

Ich kaufe ein

1| **Du hast 3 Sachen eingekauft. Schreibe auf.**
   Ich habe 2 Münzen.
   Ich habe ein Buch gekauft.
   Ich habe mit (1€) (1€) bezahlt.
   Ich rechne: 1€ + 1€ = 2€

   Ich habe 3 Münzen.
   Ich habe _____ gekauft.
   Ich habe mit ◯ ◯ ◯ bezahlt.
   Ich rechne:

   Ich habe 5 Münzen.
   Ich _____ .
   Ich habe mit ◯ ◯ ◯ ◯ ◯ bezahlt.
   Ich rechne:

2| **Was hast du nicht eingekauft? Schreibe ins Heft:**
   kein Buch ⓔ keinen Ball ⓔ keine Puppe ⓔ keinen Teddy ⓔ
   kein Springseil ⓔ keinen Tischtennisschläger

   Ich habe keine Puppe gekauft.
   Ich ...

Ich kaufe ein

1| **Schreibe auf, was du eingekauft hast.**

Ich habe 2 Münzen bekommen.
Damit möchte ich ein Buch kaufen.

Ich kann das Buch mit  bezahlen.

Dann rechne ich so: 1€ + 1€ = 2€

Ich habe 3 Münzen bekommen.
Damit möchte ich _____ kaufen.

Ich kann mit  bezahlen.

Dann rechne ich so:

Ich habe 5 Münzen bekommen.
Damit _____.

Ich kann mit 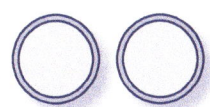 bezahlen.

Dann rechne ich so:

2| **Was kannst du nicht einkaufen? Schreibe ins Heft.**

keinen Teddy · kein Springseil · keinen Tischtennisschläger · kein Buch · keinen Ball

Ich habe 1 Münze. Damit kann ich keine Puppe kaufen.
Ich ...

Ich kaufe ein

1| **Du darfst 4 Gegenstände einkaufen.**
   Schreibe auf, was du einkaufen möchtest.

   Wenn ich 2 Münzen habe, kann ich damit ein Buch kaufen.

   Ich kann mit 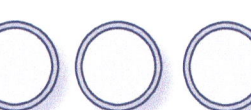 bezahlen,

   weil die Rechnung lautet: 1€ + 1€ = 2€

   Wenn ich 3 Münzen habe, kann ich damit _____
   kaufen.
   Ich kann mit ◯ ◯ ◯   bezahlen, weil die Rechnung lautet:

   Wenn ich 5 Münzen habe, kann ich damit _____
   kaufen.
   Ich kann mit ◯ ◯ ◯ ◯ ◯   bezahlen, weil die
   Rechnung lautet:

2| **Was kannst du nicht einkaufen?**
   Wenn ich 1 Münze habe, kann ich _____ kaufen.
   Wenn ich 3 Münzen habe, kann ich _____ kaufen.

   keine Puppe 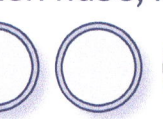 keinen Teddy  kein Springseil 1€
   keinen Tischtennisschläger 1€ kein Buch 1€ keinen Ball

ADDITION UND SUBTRAKTION
Rechenwege

Im ersten und zweiten Schuljahr liegt der Schwerpunkt des Arithmetikunterrichts in der Entwicklung des Zahlenbegriffs und der Verankerung des Einspluseins und des Einmaleins. Vom dritten Schuljahr an bilden die halbschriftlichen und schriftlichen Rechenverfahren den Schwerpunkt. Während die schriftlichen Rechenverfahren mit Ziffern nach einem festgelegten Algorithmus operieren, verlangen die halbschriftlichen Rechenverfahren ein geschicktes, strategisches Vorgehen und gesicherte Kenntnisse der Zahlen, der Zahldarstellungen und ihrer Stellenwerte.

Als Grundvoraussetzung dafür muss die Sprech- und Schreibweise der Zahlen im Deutschen gesichert bzw. wiederholt werden. Die Sprech- und Schreibweise der Zahlen verläuft im Kontrast zu vielen Herkunftssprachen mehrsprachiger Kinder nicht synchron (123, gesprochen einhundertdreiundzwanzig und nicht einhundertzwanzigdrei). Diese Besonderheit sollte auch im größeren Zahlenraum der Klasse 3 und 4 wie schon im Anfangsunterricht thematisiert und immer wieder geübt werden. Gleichzeitig muss mit den geschriebenen Zahlen eine Vorstellung von deren Größe und von der Bedeutung der Stellenwerte erworben werden. Die Größe der Zahlen klärt die Lehrkraft, indem sie Zahlen in Sachzusammenhängen präsentiert („Der Schulhof ist 250 Meter lang, 198 Schüler besuchen unsere Schule" usw.) Das Prinzip der Stellenwerte erfordert exakte und zunächst mit Anschauungsmaterial gestützte sprachliche Übungen, wobei die Kinder das Fachvokabular kennen müssen: „Hunderter", „Zehner", „Einer", „Stellenwert" etc. „Ein voller Hunderter – das sind 100", „ein voller Zehner – das sind 10". „Die Zahl 125 besteht aus einem vollen Hunderter, also 100, zwei vollen Zehnern, also 20 und 5 Einern".

Um halbschriftliche Rechenverfahren zu beschreiben, werden Nebensatzkonstruktionen („Ich rechne zuerst …, weil…") und Sätze mit Inversionsstellungen („Zuerst habe ich … gerechnet, dann …") benötigt. Die SuS der unteren Förderhorizonte, die diese sprachlichen Strukturen noch nicht beherrschen, müssen durch Vorgabe einfacherer Satzmuster gestützt werden. Rechenkonferenzen bieten einen sprachlich anregenden Rahmen, um den eigenen Rechenweg erklären, begründen und mit anderen Rechenwegen vergleichen zu können. Die Lehrkraft muss den SuS dazu entsprechende Satzmuster und Beispiele zur Verfügung stellen. Hier sind Wortspeicher (→ S.16) hilfreich, die in der Klasse präsentiert werden.

Überblick über die Förderangebote

GESAMTE LERNGRUPPE

- Zahlen hören, sprechen, schreiben
- Interferenzen Deutsch – Herkunftssprachen
- Was soll ich tun? Arbeitsaufträge zerlegen und verstehen (Imperative)
- Rechenkonferenz: Rechenwege beschreiben, vergleichen, diskutieren

FÖRDERHORIZONT 1

- Rechenwegen passende Beschreibungen zuordnen
- Beschreibungen bei eigenen Aufgaben anwenden

KV1 Rechenwege oder

FÖRDERHORIZONT 2

- passende Beschreibungen verstehen und auf vorgegebene Aufgaben anwenden
- Beschreibungen bei eigenen Aufgaben anwenden

KV2 Rechenwege oder

FÖRDERHORIZONT 3

- Satzverbindungen (Zuerst…, dann …, am Ende)
- Gebrauch der Inversionsstellung

KV3 Rechenwege oder

FÖRDERHORIZONT 4

- vorteilhafte Rechenwege begründen
- Kausalsätze, Konditionalsätze

KV4 Rechne schlau! oder

Wortschatz

NOMEN der Vorgänger, der Nachfolger, die Summe, die Differenz, der Stellenwert, die Nullstelle, der Rechenstrich, das Zwischenergebnis, der Überschlag, der/die Rechenschritte, der Rechenweg, die Rechenstrategie, die Hilfsaufgabe, die Zielzahl, die Beschreibung, Einer, (Nachbar)Zehner, (Nachbar)Hunderter, (Nachbar)Tausender …

VERBEN addieren, subtrahieren, vermehren, verringern, vermindern, hinzufügen, berechnen, bestimmen, vergleichen, markieren, sich verändern, vereinfachen, ergänzen …

ADJEKTIVE verschieden, halbschriftlich, schrittweise, stellenweise, vorteilhaft …

SONSTIGE insgesamt, ungefähr, danach, dann, zuerst, noch, dazu, mehr, weniger …

PHRASEN Ich gehe zurück bis zum nächsten Zehner (Hunderter, Tausender), Ich ergänze bis zum nächsten Zehner …, Das Zwischenergebnis heißt …, Ich rechne diese Aufgabe am Rechenstrich, Ich wähle die Rechenstrategie…, weil …, Hier muss ich addieren/subtrahieren, weil …, Zuerst rechne ich …, weil …

INTERFERENZEN

große/kleine Zahlen → die Zahlen werden groß-/kleingeschrieben

gerade/ungerade Zahlen → die Zahlen werden gerade/ungerade im Sinne von unsauber geschrieben

volle Zehner, Hunderter, Tausender → gefüllt

der Überschlag → eine Übung im Turnen

der Stellenwert → die Wichtigkeit …

ANGEBOTE FÜR DIE GESAMTE LERNGRUPPE

Zahlen hören, sprechen und schreiben

MATERIAL/VORBEREITUNG Tafel, Rechenhefte, Zahlenkarten, Tausenderbuch, Zahlenstrahl

DURCHFÜHRUNG Die Lehrkraft schreibt eine Zahl als Ziffer und als Wort an die Tafel. Ebenso notiert die Lehrkraft die Zahl in einer Stellenwerttafel. Die SuS lesen beides vor. Dabei markiert die Lehrkraft die Sprechfolge und verdeutlicht zusätzlich mit Gesten und Betonung, dass die Zahlen in der deutschen Sprache nicht stellengerecht gesprochen werden. Die Lehrkraft bittet danach einige SuS, die Zahl in ihren Herkunftssprachen auszusprechen und die Sprechfolge entsprechend zu markieren. Gleichzeitig achtet sie darauf, dass die Zahlwörter richtig ausgesprochen und auch verstanden werden, damit keine akustischen Verwechslungen vorkommen (16 – 60, 608 – 680 etc.).

Beispiel für einen Tafelanschrieb:

> Ziffer
> 473
>
> Deutsch
> 473 : vierhundertdreiundsiebzig
>
> Herkunftssprachen …

Anschließend arbeiten die SuS in 5er-Gruppen mit arbeitsteiligen Aufgaben: Ein Schüler nennt eine Zahl. Ein anderer Schüler notiert die Zahl als Quadrat-, Strich-, Punktdarstellung, der Nächste zeigt die Zahl am Zahlenstrahl, einer zeigt die Zahl im Tausenderbuch, einer notiert die Zahl als Ziffer und schreibt sie als Wort. SuS anderer Herkunftssprachen können zusätzlich die Sprechweise der Zahl in ihrer Herkunftssprache erläutern.

Die Lehrkraft unterstützt die SuS sprachlich, indem sie zunächst die notwenigen Satzmuster für diese Gruppenarbeit formuliert und an einigen Beispielen üben lässt. Danach schreibt die Lehrkraft die Satzmuster an die Tafel.

„Diese Zahl heißt …"

„Die Zahl 473 hat 4 Hunderter, 7 Zehner und 3 Einer. Ich zeichne für jeden Hunderter ein Quadrat, für jeden Zehner einen Strich und für jeden Einer einen Punkt."

„Die Zahl 473 liegt zwischen 400 und 500. Sie ist um 7 Zehner und 3 Einer größer als 400. Die Zahl liegt also hier."

„Ich schreibe die Zahl 473 als Ziffer und als Wort. Ich muss aufpassen. Ich spreche anders als ich schreibe."

„Die Zahl heißt in meiner Sprache (Russisch) … Ich spreche/spreche nicht wie ich schreibe."

Nach dieser Einführungsphase beginnt die Gruppenarbeit. Die SuS einigen sich, wer welche Aufgabe übernimmt. Die Aufgaben können auch gewechselt werden.

💬 Zahlen lesen und schreiben zu können ist Voraussetzung für das Rechnen. Mehrsprachige Kinder müssen hier in zwei verschiedenen Systemen denken. Diese Schwierigkeiten müssen bei der Unterrichtsplanung berücksichtigt werden. **Vergleiche mit anderen Herkunftssprachen** räumen nicht nur Stolpersteine beim Mathematiklernen aus dem Weg, sondern sind ein wichtiger Beitrag zur Förderung des interkulturellen Lernens und zur Würdigung der Herkunftssprachen mehrsprachiger Kinder.

Was soll ich tun?

MATERIAL/VORBEREITUNG Tafel, Wortspeicherplakat

DURCHFÜHRUNG Die Lehrkraft schreibt eine Wiederholungsaufgabe, eine Addition oder Subtraktion im größeren Zahlenraum, und die entsprechende Arbeitsanweisung an die Tafel, z. B. „Addiere 456 und 72!" Die SuS zerlegen die Arbeitsanweisung in einzelne Arbeitsschritte und beschreiben sie genau. Dann rechnen sie die Aufgabe aus.

Die Lehrkraft unterstützt die Kinder bei den Formulierungen und notiert die Erklärungen auf einem Wortspeicherplakat. Dieses Plakat wird fortlaufend ergänzt. Entweder wird täglich/wöchentlich eine Aufgabe mit einem entsprechenden Arbeitsauftrag geübt oder aber die Begriffe werden je nach Bedarf eingetragen.

Ein Beispiel:
Lehrkraft: „999 + 425. Rechne vorteilhaft! Was heißt das für dich ganz genau?"
SuS: „Ich schaue mir die Zahlen ganz genau an. 999 ist fast 1000. Ich addiere zunächst zu der Zahl 1000 die zweite Zahl 425. Das ist viel einfacher. Das ist vorteilhafter. Ich kann schneller rechnen und mache weniger Rechenfehler. Ich muss dann aber vom Ergebnis −1 rechnen, da 1000 um +1 größer ist als 999 und ich +1 zu viel addiert habe."

💬 Eine gute Möglichkeit, Sprachförderung mit einer Wiederholung von mathematischem Stoff zu verbinden, ergibt sich bei der sprachlichen **Expansion von Arbeitsaufträgen**. Arbeitsanweisungen sind häufig in knapper Imperativform formuliert. Die SuS können diese sprachlich verdichteten Arbeitsanweisungen inhaltlich nur dann verstehen und ausführen, wenn sie bereits eine genaue Vorstellung von der durchzuführenden Rechenoperation haben. Wichtig ist es, dass SuS sich überlegen, welche Ausgangsposition besteht und welche Teilschritte zum Lösen der Aufgabe notwendig sind. Die einzelnen Teilschritte müssen sprachlich formuliert werden. Kinder auf den unteren Förderhorizonten benötigen dazu den entsprechenden Fachwortschatz, Kinder auf Förderhorizont 3 und 4 sind zunehmend in der Lage, Teilschritte zu erklären.

Beispiel für einen Wortspeicher:

Arbeitsauftrag	Aufgabe	Was soll ich tun?
Addiere!	456 + 72 =	Ich rechne PLUS. Ich zähle zu der Zahl 456 die Zahl 72 dazu. Ich vergrößere die Zahl 456 um 72. Ich berechne die Summe aus den Zahlen 456 und 72. Ich rechne Hunderter plus Hunderter, Zehner plus Zehner und Einer plus Einer.
Subtrahiere!		
Berechne!		
Vergleiche!		
Überschlage!		
Rechne vorteilhaft!		
Runde auf/ab!		
Fasse geschickt zusammen!		
Löse durch ergänzen!		
…		

ANGEBOTE FÜR DIE FÖRDERHORIZONTE 1–4

KV 1–4 Rechenwege beschreiben ◎ oder ◎◎

MATERIAL/VORBEREITUNG KV 1, 2, 3, 4

DURCHFÜHRUNG Die Lehrkraft notiert eine Plus- und eine Minusaufgabe an der Tafel. Die SuS überlegen gemeinsam, mit welchen halbschriftlichen Rechenstrategien diese Aufgaben gelöst werden können. Die unterschiedlichen Rechenwege werden ebenfalls an der Tafel notiert. Die Lehrkraft achtet darauf, dass bei jeder Aufgabe ein Lösungsweg am Rechenstrich gezeigt wird. Beim Rechenstrich wird der gewählte Rechenweg mit einfachen Mitteln bildhaft dargestellt. Diese Visualisierung ist eine gute Stütze, um den gewählten Rechenweg zu versprachlichen.

Ein Beispiel für halbschriftliche Rechenstrategien bei Additionsaufgaben:

467 + 171 =

Hunderter plus Hunderter	400 + 700 =
Zehner plus Zehner	60 + 70 =
Einer plus Einer	7 + 1 =
Das Ergebnis heißt:	

Erst Hunderter dazu	467 + 100 = 567
dann Zehner dazu	567 + 70 = 637
dann Einer dazu	637 + 1 =
Das Ergebnis heißt:	

Einer + Einer	7 + 1 =
Zehner + Zehner	60 + 70 =
Hunderter + Hunderter	400 + 700 =
Das Ergebnis heißt:	

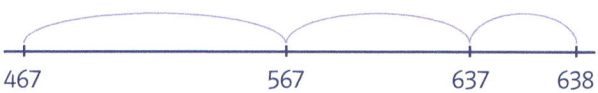

467   567   637   638

Rechenstrategien für Subtraktionsaufgaben können analog an der Tafel oder der Seitenwand festgehalten werden. Danach bearbeiten die SuS die KV entsprechend ihres Förderhorizontes in Einzel- oder Partnerarbeit.

LÖSUNG KV 1, 2: 357 + 432 = 789, 263 + 426 = 689, 411 − 378 = 33, 327 + 451 = 778; **KV 3:** 546 − 169 = 377; **KV 4:** 546 + 143 − 46 = 643, 273 + 696 − 73 = 896, 401 − 246 + 99 = 254

Im Anschluss schreibt die Lehrkraft eine oder mehrere Plus- und Minusaufgaben an die Tafel. Sie bittet die SuS, die Aufgaben zu lösen und den Rechenweg zu beschreiben. Zunächst löst jedes Kind eine oder mehrere Aufgaben in Einzelarbeit und notiert den eigenen Rechenweg mit Hilfe der Vorgaben auf seiner KV. Danach werden Vierergruppen gebildet, möglichst mit je einem Kind aus Förderhorizont 1 bis 4. Die SuS diskutieren jetzt in einer Rechenkonferenz ihre Lösungswege. Die Sprachhandlungen der SuS mit den Förderhorizonten 1 und 2 werden durch die vorformulierten Beschreibungen der KV gestützt. Sprachkompetentere Kinder trainieren, sich verständlich zu äußern und sprachärmeren Kindern Formulierungshilfen anzubieten. Die Lehrkraft betreut die Gruppen und bietet Formulierungshilfen.

> 💬 Der Erwerb prozessbezogener Kompetenzen wie **Begründen und Argumentieren** ist fester Bestandteil des Mathematikunterrichts. Diese Kompetenzen können jedoch nur erworben werden, wenn parallel zu den mathematischen Inhalten auch die notwendigen sprachlichen Mittel geübt werden. Der Bereich Begründen und Argumentieren verlangt Nebensatzstrukturen. Besonders häufig kommen Kausalsätze (…, weil …) und Konditionalsätze (Wenn …, dann …) vor. Nebensatzstrukturen werden jedoch nur von SuS der Profilstufe 4 beherrscht. Damit alle Kinder mitarbeiten können, muss die Lehrkraft den SuS der unteren Förderhorizonte sprachliche Hilfestellung, z. B. in Form von einfacheren, vorformulierten Satzmustern geben.

Rechenwege

Wie rechnen die Kinder die Aufgabe 357 + 432 = ?

1 | Verbinde die Rechnungen von Erkan, Johanna und Henning mit der richtigen Beschreibung. Rechne die Aufgabe.

Erkan rechnet:

```
3 5 7 + 4 3 2 =
―――――――――――――――
3 0 0 + 4 0 0 =
   5 0 +   3 0 =
      7 +    2 =
```

- Einer + Einer
- Zehner + Zehner
- Hunderter + Hunderter
- Das Ergebnis heißt …

Johanna rechnet:

```
3 5 7 + 4 3 2 =
―――――――――――――――
      7 +    2 =
   5 0 +   3 0 =
3 0 0 + 4 0 0 =
```

- Erst Hunderter dazu
- dann Zehner dazu
- dann Einer dazu
- Das Ergebnis heißt …

Henning rechnet:

```
3 5 7 + 4 3 2 =
```

357 → 757 → 787 → 789

- Hunderter + Hunderter
- Zehner + Zehner
- Einer + Einer
- Das Ergebnis heißt …

2 | **Wie rechnest du?**
Rechne die Aufgaben. Schreibe deinen Rechenweg in dein Heft.
Die Beschreibungen oben helfen dir dabei.

263 + 426 =   411 − 378 =   327 + 451 =

Rechenwege

1 | Erkan hat halbschriftlich gerechnet.
Rechne so, wie Erkan gerechnet hat.
Schreibe alle Zwischenergebnisse auf.

3 5 7 + 4 3 2 =

_____

Hunderter + Hunderter

Zehner + Zehner

Einer + Einer

Das Ergebnis heißt ...

2 | Johanna hat halbschriftlich gerechnet.
Rechne so, wie Johanna gerechnet hat.
Schreibe alle Zwischenergebnisse auf.

3 5 7 + 4 3 2 =

_____

Einer + Einer

Zehner + Zehner

Hunderter + Hunderter

Das Ergebnis heißt ...

3 | Henning hat am Rechenstrich gerechnet.
Rechne so, wie Henning gerechnet hat.
Trage alle Zahlen am Rechenstrich ein.

3 5 7 + 4 3 2 =

―┼―――――――――――――――――――
357

Erst Hunderter dazu

dann Zehner dazu

dann Einer dazu

Das Ergebnis heißt ...

Wie rechnest du?
Rechne die Aufgaben aus und schreibe deinen Rechenweg in dein Heft.
Die Beschreibungen oben helfen dir dabei.

263 + 426 =   411 − 378 =   327 + 451 =

Rechenwege

546 – 169

Die 3 Kinder rechnen auf verschiedene Weise.
Wie haben die Kinder gerechnet? Beschreibe die 3 Rechenwege.
Schreibe in dein Heft.

Henning hat mit dem Rechenstrich gerechnet:

Zuerst hat Henning einen Rechenstrich …

Johanna hat „schrittweise" gerechnet:

Zuerst hat Johanna von der Zahl 546 den vollen Hunderter …

Erkan hat die Minusaufgabe als Ergänzungsaufgabe gerechnet:

Zuerst hat Erkan von der Zahl 169 bis zum nächsten Hunderter …

Diese Wörter und Satzmuster helfen dir:

am/der Rechenstrich ▪ der Zwischenschritt ▪ das Zwischenergebnis ▪ die Ergänzungsaufgabe ▪ volle Hunderter/Zehner ▪ nächste Hunderter/Zehner ▪ addieren ▪ subtrahieren ▪ ergänzen ▪ zerlegen ▪ rechnen ▪ halbschriftlich ▪ schrittweise ▪ stellenweise ▪ zurück ▪ Zuerst hat … ▪ Danach hat … ▪ Zum Schluss/am Ende hat … ▪ Das Zwischenergebnis heißt …

Rechne schlau!

Wie rechnest du diese Aufgaben?
Rechne zuerst die Aufgabe. Schreibe dann deinen
Rechenweg mit Worten auf! Begründe deinen Rechenweg!

Ein Beispiel:

546 + 143 − 46 =
Ich subtrahiere zuerst die Zahl 46 von der Zahl 546, weil ich dann einen vollen Hunderter erhalte.

546 − 46 = 500
Zu diesem Zwischenergebnis addiere ich dann die Zahl 143.

500 + 143 = 643
Das Ergebnis der Aufgabe ist 643.

273 + 696 − 73 =

**Du kannst diese Aufgabe noch im Heft rechnen.
Begründe deinen Rechenweg.**

401 − 246 + 99 =

Diese Satzmuster helfen dir:

Ich rechne zuerst …, weil … ▪ Wenn ich … rechne, dann … ▪ Es ist einfacher zuerst … zu rechnen, weil … ▪ Ich darf die Reihenfolge der Zahlen vertauschen, weil … ▪ Als Zwischenergebnis erhalte ich … ▪ Zu dem/von dem Zwischenergebnis addiere/subtrahiere ich …

MUSTER UND PARKETTIERUNGEN
Mein Muster-Steckbrief

Der Themenbereich „Muster und Parkettierungen" als fester Bestandteil des Geometrieunterrichts schult das räumliche Vorstellungsvermögen, das visuelle Operieren und die Fähigkeit vorausschauend zu denken. Die Entwicklung des Flächenbegriffs wird ebenfalls angebahnt.

Bei einem Muster wiederholt sich eine Ausgangsfigur nach bestimmten Regeln. Bei Parkettierungen geht es um das lückenlose Ausfüllen einer Ebene mit kongruenten, also deckungsgleichen Figuren.

Der Themenbereich umfasst unterschiedliche Aufgabenstellungen: Muster und Parkettierungen erkennen, ausmalen, nachzeichnen, fortsetzen, beschreiben und erfinden. Diese sowohl inhaltsbezogenen als auch prozessbezogenen Kompetenzen sind eng an sprachliche Fähigkeiten gekoppelt: Die SuS müssen das Fachvokabular kennen. Hier ist besonders auf die fachsprachliche Bedeutung der Begriffe (Figur, Seite …) im Gegensatz zur ihrer umgangssprachlichen Bedeutung zu achten. Trennbare Verben (auslegen, fortsetzen, aneinanderlegen …) kommen häufig in Arbeitsanweisungen vor. Sie werden auch bei der Beschreibung eigener oder vorgegebener Muster und Parkettierungen benötigt. SuS auf den unteren Profilstufen (Stufe 0 und 1) müssen hier gestützt werden. Das Auslegen, Fortführen und Beschreiben von Mustern und Parkettierungen verlangt fachsprachliche Satzmuster (entlang der Diagonale, entlang der Mitte, von Ecke zu Ecke …). Diese Satzmuster sollten gemeinsam mit der Klasse erarbeitet und dann beispielsweise in Form eines Wortspeicherplakates (→ S. 16) veranschaulicht werden.

Die Beschreibung eines (eigenen) Musters, einer (eigenen) Parkettierung verlangt zudem komplexe sprachliche Strukturen (Inversionsstrukturen: „Zuerst lege ich …, dann lege ich …"; Nebensatzkonstruktionen: „Ich lege als nächste Figur ein rotes Quadrat, weil …"), die von SuS auf unteren Profilstufen noch nicht erworben sind. Die Lehrkraft muss hier sprachliche Hilfestellungen bereitstellen, z. B. durch vorgegebene Satzmuster. Aber auch die Beherrschung allgemeiner sprachlicher Kompetenzen wie die Adjektivflexion spielen bei diesem Thema eine große Rolle. Der folgende Förderbaustein zeigt exemplarisch, wie es gelingen kann, dass alle SuS das notwendige fachsprachliche Vokabular erwerben und mit differenzierter sprachlicher Unterstützung (eigene) Muster und Parkettierungen beschreiben können.

Überblick über die Förderangebote

GESAMTE LERNGRUPPE
- Wiederholung/Einführung des relevanten Fachwortschatzes (Quadrat, Rechteck, Figur, Form, …)
- Wiederholung/Einführung fachsprachlicher Satzmuster (entlang der Mitte …)
- Muster legen und beschreiben
- weitere Muster erfinden, fortsetzen und anhand strukturierter Leitfragen beschreiben

FÖRDERHORIZONT 1	FÖRDERHORIZONT 2
- Muster kleben, zeichnen und beschreiben
- impliziter Gebrauch flektierter Adjektive
- Wortschatzerweiterung
- sinnerfassendes Lesen	- Muster kleben, zeichnen und beschreiben
- impliziter Gebrauch flektierter Adjektive
- sinnerfassendes Lesen
- Perfektformen (habe … gelegt)
KV 1 Mein Muster-Steckbrief	**KV 2** Mein Muster-Steckbrief

FÖRDERHORIZONT 3	FÖRDERHORIZONT 4
- Muster kleben, zeichnen und beschreiben
- impliziter Gebrauch flektierter Adjektive
- Inversionsstellung (… lege ich …)
- Satzreihen (zuerst …, und dann …)	- Muster kleben, zeichnen und beschreiben
- impliziter Gebrauch flektierter Adjektive
- Kausalsätze (weil …)
- Relativsätze (das Quadrat, das über … liegt)
KV 3 Mein Muster-Steckbrief	**KV 4** Mein Muster-Steckbrief

Wortschatz

NOMEN das Quadrat, das Dreieck, das Rechteck, die Größe, die Form, die Fläche, der Flächeninhalt, die Diagonale, die Ecke, die Seite, die Faltlinie, die Regel, das Muster, die Figur, die Mitte …

VERBEN auslegen, lege … aus, aneinanderlegen, lege … aneinander, fortsetzen, setze … fort, aufzeichnen, zeichne … auf, nachzeichnen, zeichne … nach, reinpassen, passt … rein, vorkommen, kommt … vor, weitergehen, geht … weiter, bestehen aus, vergleichen, entwerfen, zerschneiden, begründen, beschreiben, sich wiederholen, sich verändern …

ADJEKTIVE groß (Dreieck), klein (Dreieck), blau, rot … (Dreieck, Rechteck, Quadrat), lückenlos (auffüllen), gleich lang/groß/breit, gleich (Form), quadratisch, rechteckig, dreieckig, regelmäßig, geometrisch, identisch …

SONSTIGE hinter, vor, über, unter, neben, entlang, quer, längs, oben, unten, links, rechts …

PHRASEN entlang der Diagonale/der Mitte, von Ecke zu Ecke, … immer erst ein …, dann ein …, Ich lege zuerst … und dann lege ich …

INTERFERENZEN
die Form → sportliche Fitness
die Figur → die Spielfigur, der Körperumfang
die Ecke → die Kuschelecke, die Leseecke (jeweils eine Fläche)
die Seite → die Buchseite (eine Fläche), die andere Seite (gegenüber)
das Muster → das Strickmuster, der Plan, das Beispiel
vorkommen → passieren, nach vorn treten
bestehen → eine Prüfung schaffen

ANGEBOTE FÜR DIE GESAMTE LERNGRUPPE

Muster beschreiben

MATERIAL/VORBEREITUNG quadratisches Faltpapier in zwei verschiedenen Farben

DURCHFÜHRUNG
Schritt 1: Begriffe klären
Die Lehrkraft zeigt verschiedene ebene Formen (Quadrat, Rechteck, großes und kleines Dreieck) und wiederholt die Fachbegriffe sowie die benötigten fachsprachlichen Satzmuster. Dabei sollten die Kinder so sitzen (z.B. im Theaterkreis), dass Seitenbezeichnungen wie links oder rechts für alle gleich sichtbar und damit eindeutig sind. Die Fachbegriffe „Ecke, Seite, Diagonale" werden, falls noch nicht bekannt, eingeführt oder wiederholt.

Wichtig ist es, Überschneidungen (Interferenzen) mit umgangssprachlichen Bedeutungen der Begriffe zu versprachlichen. Um die mathematische Bedeutung zu erklären, kann die Lehrkraft so formulieren:
„In der Sprache der Mathematik bedeutet das Wort …"

Beispiel: Einführung des Fachbegriffs „Ecke"
Die Lehrkraft zeigt auf die vier Ecken eines Rechtecks (z.B. an der Tafel, an einem laminierten A4-Blatt) und erklärt: „Das sind die Ecken des Rechtecks."
Anschließend fragt sie: „Wie viele Ecken hat das Rechteck? Kennt ihr andere Ecken?"
Die SuS werden z.B. Kuschelecke, Häuserecke … nennen.
Die Lehrkraft erklärt: „Eine Kuschelecke ist in der Sprache der Mathematik eine Fläche, eine Häuserecke ist in der Sprache der Mathematik eine Seite."
Die Lehrkraft fragt: „Was bedeutet das Wort Ecke in der Sprache der Mathematik?"
Die SuS werden hier natürlich nicht in der Wissenschaftssprache antworten. Sie sollten aber in der Lage sein, den Begriff „Ecke" als Punkt, an dem Seiten zusammentreffen, zu beschreiben.

Nachdem alle benötigten Fachbegriffe mündlich besprochen worden sind, werden sie auf einem Wortspeicherplakat (→ S.16) zusammengetragen und für alle sichtbar im Klassenraum angebracht.

> Ohne die genaue **Kenntnis der Fachbegriffe** können die SuS den Prozess der Mathematisierung nicht bewältigen. Die für diesen Themenbereich entscheidenden Begriffe „Form, Figur, Seite, Ecke" haben alle in der Umgangssprache andere Bedeutungen. Auch wenn die SuS die Begriffe also schon einmal gehört haben, kennen sie die fachsprachliche Bedeutung meistens nicht. Daher müssen im Vorfeld dieses Themas die Bedeutungsinterferenzen exakt geklärt werden.

Schritt 2: Muster legen
Die Lehrkraft nimmt zwei große farbige Quadrate und faltet diese ein- oder zweimal diagonal oder ein- bis zweimal längs und quer der Mitte.

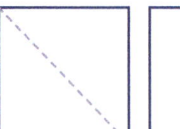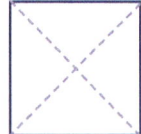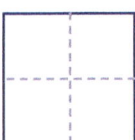

Neben dem großen Quadrat entstehen somit kleine und große Dreiecke, kleine Quadrate und Rechtecke. Die Lehrkraft schneidet einige der geometrischen Formen aus und beginnt, eine Figur zu legen. Die SuS versuchen, diese Figur zu beschreiben.

Beispiele für einfache Fragen und Impulse (Förderhorizont 1 und 2):

„Wie heißt diese geometrische Form?" (Dreieck, Rechteck, Quadrat)

„Welche Farbe haben die Rechteck/Dreiecke …?" (Das Dreieck hat …)

„Wie heißen die blauen/weißen … Formen?"

„Wie heißt die geometrische Form rechts/links neben dem Rechteck …?"

„Wie viele Dreiecke, Rechtecke … siehst du?"

„Wie viele verschiedene Figuren kannst du …?"

Nachdem die SuS die erste Figur beschrieben haben, legt die Lehrkraft eine zweite identische Figur daneben.

Beispiele für anspruchsvollere Fragen und Impulse (Förderhorizont 3 und 4):

„Warum sehen beide Figuren gleich aus?"

„Begründe, warum es sich bei den beiden Figuren um gleiche Figuren handelt."

„Du sollst die Reihe fortsetzen. Welche Formen musst du als Nächstes anlegen?"

„Warum legst du ein Dreieck, Quadrat … an?"

Die Lehrkraft bittet die SuS, eine weitere identische Figur anzulegen. Anhand dieses Beispiels erläutert sie den Fachbegriff „Muster". Die Abgrenzung der Begriffe „Form", „Figur" und „Muster" kann an der Tafel auch bildlich dargestellt werden oder wird dem Wortspeicher hinzugefügt.

Form   Figur   Muster

Die Interferenzen zwischen Umgangs- und mathematischer Fachsprache müssen dabei besprochen werden (vgl. die Einführung des Begriffs „Ecke"). Dann bittet die Lehrkraft die SuS, das Muster fortzuführen. Im Anschluss diskutiert die gesamte Gruppe, ob durch die gelegte Figur das Muster richtig fortgeführt worden ist.

Beispiele für einfache Fragen und Impulse (Förderhorizont 1 und 2):

„Wie viele Rechtecke/große Dreiecke … sind in der ersten und in der zweiten Figur (versteckt/enthalten)?"

„Wie viel blaue/weiße … Formen siehst du in der ersten und in der zweiten Figur?"

„In der ersten Figur liegt rechts neben dem blauen Rechteck ein großes weißes Dreieck. Ist das bei der zweiten Figur auch so?"

Beispiele für anspruchsvollere Fragen und Impulse (Förderhorizont 3 und 4):

„Begründe, warum die Figuren genau gleich, also identische Figuren sind!"

„Warum ist aus diesen Figuren ein Muster entstanden?"

Diese Unterrichtssituation wird mehrmals wiederholt. Dabei sollen die Kinder aus den vorhandenen Formen andere Figuren und Muster legen. Die abstrakten Begriffe „Form", „Figur" und „Muster" können sich somit einschleifen und werden implizit gelernt.

> 💬 Die Formen, aus denen die einzelnen Figuren eines Musters zusammengesetzt sind, müssen genau beschrieben werden. Dazu benötigen die SuS Adjektive in flektierter Form (ein großes, weißes Dreieck …), was gerade für Kinder mit anderer Herkunftssprache oft sehr kompliziert ist. Hier sollte die Lehrkraft darauf achten, die **Endungen besonders deutlich, langsam und betont auszusprechen** und auch die SuS dazu anzuhalten. Auf den KV 1 bis 4 können die Kinder Adjektive in verschiedenen Formen anwenden und dadurch trainieren.

ANGEBOT FÜR FÖRDERHORIZONT 1–4

Muster legen, nachzeichnen und beschreiben 👤 und 👥👥

MATERIAL/VORBEREITUNG je nach Förderhorizont KV1–4, weiße DIN-A3-Blätter zum Aufkleben des Musters, eventuell geometrisches Material wie Plättchen, quadratisches Faltpapier in zwei unterschiedlichen Farben für jedes Kind, Lineal, Buntstifte

DURCHFÜHRUNG

1. Formen herstellen

Die SuS falten die 2 Faltblätter entweder gar nicht oder einmal oder zweimal entlang der Mitte oder entlang der Diagonale(n). Jetzt stehen folgende Formen zur Verfügung: 1 großes Quadrat, 4 kleine Quadrate, 2 Rechtecke, 2 große Dreiecke, 4 kleine Dreiecke. Die Formen werden ausgeschnitten.

2. Muster kleben

Die SuS legen aus den Formen zuerst Figuren und ergänzen sie zu einem Muster. Das Muster kleben sie anschließend auf ein weißes DIN-A3-Blatt.

3. KV bearbeiten
Die SuS bearbeiten in Einzel- oder Partnerarbeit die KV, die ihrem Förderhorizont entspricht.

4. Muster mit einem Partner vergleichen und die Struktur des eigenen Musters nur mit sprachlichen Mitteln erklären
Die SuS erklären einem Partner die Struktur des Musters. Dabei orientieren sie sich an den Leitfragen ihrer KV. Der Partner versucht nun, das Muster nach der Beschreibung nachzulegen.

Die Lehrkraft unterstützt die Arbeit der SuS im mathematischen und im sprachlichen Bereich, indem sie auf den korrekten Gebrauch des Fachwortschatzes und der eingeführten Satzmuster achtet. Sie kann dabei sprachliche Strukturen passend zum Sprachstand der Kinder anbieten:
„**Ich lege** drei Dreiecke."
„Ich **lege** noch ein Quadrat **an**. Ich **habe** ein Quadrat **weggenommen**."
„Siehst du das große/rote Rechteck? Meine Figur **besteht aus** …"
„Und **dann habe ich** ein … angelegt."
„Ich lege ein Dreieck an, **weil** …"

💬 Das gegenseitige Beschreiben und Nachlegen der Muster ist eine gute Übung zur **Förderung der Ausdrucksfähigkeit**. Allerdings muss diese Übung gut vorbereitet werden und kann erst nach Einübung der erforderlichen sprachlichen Mittel eingesetzt werden. Kinder auf den Förderhorizonten 3 und 4 sind zunehmend in der Lage, die Muster mit dem fachspezifischen Wortschatz zu erklären und zu verstehen, während sprachschwächere Kinder handlungsbegleitend auf das Muster deuten können.

TIPP FÜR DIE WEITERARBEIT Die SuS kleben und zeichnen weitere Muster. Sie tauschen sich in kleinen Gruppen über ihre Muster aus.
Die Lehrkraft strukturiert die Diskussion anhand von Leitfragen:
„Welche Formen hat das Muster?"
„Wie hast du die Formen gelegt?"
Die sprachliche Aufbereitung der Leitfragen ist eine Wiederholung bzw. Zusammenfassung des gesamten Themas. Die Lehrkraft achtet darauf, dass Formulierungen für alle vier Förderhorizonte genannt werden. Die Kinder orientieren sich an den Satzstrukturen ihrer KV.

Mein Muster-Steckbrief M 3/4
Förderhorizont 1
1

Mein Muster-Steckbrief

1| **Zeichne dein Muster hier auf.**

2| **Mein Muster hat diese Formen:**
Kreuze an und male die Formen wie deine Formen aus!

☐ 1 großes Quadrat

☐ 4 kleine Quadrate

☐ 2 große Dreiecke

☐ 4 kleine Dreiecke

☐ 2 Rechtecke

3| **Ich lege mein Muster:**
Bilde Sätze und schreibe auf. Die Satzteile unten helfen dir.
Schreibe so in dein Heft:

Ich lege 1 großes rotes Quadrat.
Ich lege 4 kleine grüne Dreiecke.

1 großes Quadrat ▪ 4 kleine Quadrate ▪ 2 große Dreiecke ▪
4 kleine Dreiecke ▪ 2 grüne Rechtecke ▪ 4 blaue Dreiecke ▪
1 rotes Quadrat ▪ 2 gelbe Dreiecke ▪ 2 blaue Rechtecke ▪
4 kleine rote Quadrate ▪ 2 große blaue Dreiecke ▪
1 großes grünes Quadrat ▪ 4 kleine rote Dreiecke ▪ 2 rote Rechtecke

Mein Muster-Steckbrief

1| **Zeichne dein Muster hier auf und male farbig aus.**

2| **Diese Formen habe ich gebraucht:**
Wie hast du das Faltpapier geschnitten?
Welche Formen hast du erhalten? Schreibe auf!

Ich habe 1 großes blaues Quadrat entlang der Mitte geschnitten. Ich habe 2 blaue Rechtecke erhalten.

Ich habe _____ geschnitten.

Ich habe _____ erhalten.

Ich habe _____ geschnitten.

Ich habe _____ erhalten.

→ entlang der Mitte ▪ entlang der Diagonalen ▪ quer ▪ längs ▪ von Ecke zu Ecke

3| **Ich habe mein Muster so gelegt:**

Ich habe 1 großes blaues Quadrat gelegt.
Ich habe 4 kleine grüne Dreiecke daneben gelegt.

Ich habe _____

_____

→ darunter ▪ daneben ▪ darüber ▪ oben ▪ unten ▪ links ▪ rechts

Mein Muster-Steckbrief

1| Zeichne dein Muster hier auf und male farbig aus.

2| Diese Formen habe ich gebraucht:
Wie hast du das Faltpapier geschnitten?
Welche Formen hast du dann erhalten? Schreibe auf!

Ich habe 1 großes blaues Quadrat längs der Mitte geschnitten. Dann habe ich 2 blaue Rechtecke erhalten.

Ich habe _____.

Dann habe ich _____.

Ich habe _____.

Dann habe ich _____.

→ entlang der Mitte ▪ entlang der Diagonalen ▪ quer ▪ längs ▪ von Ecke zu Ecke

3| So habe ich mein Muster gelegt:
Schreibe passend zu deinem Muster auf. Diese Wörter helfen dir.
Schreibe in dein Heft.

→ untereinander ▪ übereinander ▪ rechts ▪ daneben ▪ quer ▪ längs ▪ über ▪ unter ▪ neben ▪ links

Zuerst habe ich 2 kleine grüne Quadrate nebeneinander gelegt. Darüber habe ich 1 rotes Rechteck gelegt. Dann habe ich ...

Mein Muster-Steckbrief

1| **Zeichne das Muster, das du mit dem Faltpapier geklebt hast, hier auf. Male farbig aus.**

2| **Diese Formen habe ich gebraucht:
Schreibe auf, wie du das Faltpapier geschnitten hast.
Welche Formen hast du erhalten? Schreibe in dein Heft.**

Ich habe 2 rote Rechtecke erhalten, weil ich das große rote Quadrat einmal entlang der Mitte geschnitten habe.
Ich habe ..., weil ...

3| **So habe ich mein Muster gelegt:
Schreibe passend zu deinem Muster auf.
Diese Wörter können dir helfen.**

untereinander ▪ übereinander ▪ rechts ▪ daneben ▪ quer ▪ längs ▪ über ▪ unter ▪ neben ▪ links

Zuerst habe ich 2 kleine grüne Quadrate nebeneinander gelegt. Darüber habe ich 1 rotes Rechteck gelegt, das quer neben den beiden kleinen grünen Dreiecken liegt.

Zuerst habe ich ...
Dann ...

MULTIPLIKATION UND DIVISION
Runden und Überschlagen

Das Runden von Zahlen und Verfahren des überschlagenden Rechnens sing eng miteinander verbunden. Das Runden ist die Voraussetzung, um Überschlagsrechnungen sinnvoll und richtig ausführen zu können.

Beim Runden von Zahlen ist es wichtig, die Rundungsregeln zu beherrschen, d.h. die rechte Nachbarstelle entscheidet, ob auf- oder abgerundet werden muss. Oftmals wird nur das formale Verfahren des Rundens im Unterricht thematisiert. Das reicht aber nicht, denn für die Entscheidung, wie eine Zahl sinnvoll gerundet werden muss, spielt der Kontext eine wichtige Rolle. Wenn beispielsweise die Einwohnerzahlen großer Städte miteinander verglichen werden sollen, macht Runden auf volle Hunderttausender Sinn (1.567.456 sind rund 1.600.000 Einwohner).

Besonders beim Rechnen mit großen Zahlen im Bereich der Multiplikation und Division sind Überschlagsrechnungen sehr wichtig. Der Überschlag dient dabei der Abschätzung und der Kontrolle der Ergebnisse. Überschlagsrechnungen erfordern dabei einen Rechenschritt mehr, da vor dem Rechnen die Zahlen der Aufgaben gerundet werden müssen. Ein Überblick über den Zahlenraum und die Stellenwerte sind die Voraussetzungen, um Überschlagsrechnungen durchzuführen.

Sprachlich ist die Erarbeitung der fachsprachlichen Bedeutung der Begriffe „Runden und Überschlagen" der zentrale Förderbereich. Die Interferenzen zwischen der umgangssprachlichen Bedeutung und der fachsprachlichen Bedeutung müssen exakt herausgearbeitet werden. Darüber hinaus kann der Begriff „Überschlag" im mathematischen Kontext zusätzlich zweierlei bedeuten: Die Überschlagsrechnung selbst und das Ergebnis der Überschlagsrechnung.

Überblick über die Förderangebote

GESAMTE LERNGRUPPE
- Vorwissen zum Thema aktivieren, Rundungsregel wiederholen
- Fachwortschatz zum Themenbereich „Runden und Überschlagen" erarbeiten
- Interferenzen Fachsprache/Umgangssprache klären
- sinnvolles Runden im Kontext begründen
- Aufgaben und Überschlagsrechnungen erklären

 KV 1 Wie runde ich sinnvoll?

FÖRDERHORIZONT 1 UND 2
- eine Überschlagsrechnung erklären: einfache Aussagesätze verstehen
- Fachwortschatz verstehen und festigen
  (runden, überprüfen, berechnen, das Ergebnis, die Überschlagsrechnung, der Überschlag)

 KV 2 Mit Überschlag rechnen

FÖRDERHORIZONT 3
- Ergebnisse durch Überschlagsrechnungen prüfen: Satzreihen
- Sätze im Passiv verstehen
- Fachwortschatz anwenden
- Nominalisierungen/Genitivattribute verstehen

 KV 3 Ist das Ergebnis richtig oder falsch?

FÖRDERHORIZONT 4
- Ergebnisse durch Überschlagsrechnungen prüfen: Kausalsätze (weil)
- Sätze im Passiv verstehen
- Fachwortschatz anwenden
- Nominalisierungen/Genitivattribute verstehen

 KV 4 Ist das Ergebnis richtig oder falsch?

Wortschatz

NOMEN die Nachbarzahl, der Nachbarzehner, der Nachbarhunderter, der Nachbartausender, der Wert, die Nachbarstelle, die Hunderterstelle, die Tausenderstelle, der Überschlag, die Überschlagsrechnung, die Rundungsregel, der Vorteil, der Überblick, das Ergebnis, die Lösung, die Richtigkeit …
der Einwohner, der Gast, die Fläche, die Nordseeinsel …

VERBEN runden, aufrunden, abrunden, vergrößern, vermehren, verkleinern, vermindern, berechnen, überschlagen, schätzen, (Fehler) erkennen, vergleichen, übereinstimmen – stimme … überein, durchführen – führe … durch, ersetzen, erhöhen, einschränken …

ADJEKTIVE gerundet, rund, volle (Hunderter …), größte (Einheit), falsche (Ergebnisse), praktisch, übersichtlich, genau, ungenau, exakt, sinnvoll …

SONSTIGE mindestens, höchstens, bis zum …, nicht ganz (genau), fast, ungefähr, circa (ca.) …

PHRASEN Ich runde die Zahl/Zahlen (auf/ab)., Ich schätze das Ergebnis., Ich überschlage die Aufgabe. Ich berechne den Überschlag., Das Ergebnis muss größer/kleiner sein., Das Ergebnis kann richtig/falsch sein., Ich vergleiche den Überschlag mit dem Ergebnis., Das ist praktisch/sinnvoll, weil …

INTERFERENZEN
voller Zehner, Hunderter, Tausender → voll/besetzt/gefüllt
überschlagen → ein Auto überschlägt sich, eine Bettdecke überschlagen
runden → die Runden im Stadion, abrunden/Ecken glätten
der Überschlag → eine Turnübung
die Lösung → eine Flüssigkeit z. B. Zuckerlösung

ANGEBOT FÜR DIE GESAMTE LERNGRUPPE

Wie werden Zahlen gerundet und was heißt das überhaupt?

MATERIAL/VORBEREITUNG Tafel, Hefte

DURCHFÜHRUNG Die Lehrkraft führt zum Thema „Runden" hin und fragt die SuS, was sie sich unter dem Begriff „Zahlen runden" vorstellen. Da das Runden von Zahlen wahrscheinlich in der 2. Klasse schon angesprochen wurde, dient diese einführende Frage der Wiederholung und der Strukturierung des Vorwissens. Auch die Rundungsregel sollte nochmals aktiv wiederholt und versprachlicht werden.

💬 Im ersten Schritt sollte zunächst, solange die Richtung noch nicht genau besprochen oder verinnerlicht worden ist, nur der allgemeine Begriff „Runden" gebraucht werden. Die Aussage „Ich runde auf …" im allgemeinen Sinne von Runden kann zu Verwirrung führen, weil die SuS unter „Aufrunden" häufig nur ein Runden „nach oben" verstehen.

Im Mittelpunkt stehen also zunächst Übungen zur Bestimmung von „Nachbarzehner, -hunderter" etc. Die Lehrkraft schreibt Zahlen an die Tafel, z. B. Beispiel: 23.678 und sagt:
„Ich runde die Zahl 23.678. Ich mache die Tausenderstelle rund." Sie markiert dabei die Stellen farblich, die dann durch Nullen ersetzt werden müssen. Dadurch werden die Begriffe „Nachbarzehner, -hunderter" etc. wiederholt und anschaulich gemacht.

Die Lehrkraft verweist gleichzeitig auf die Interferenz des Begriffes „Runden" und fragt: „Was ist denn eigentlich rund bei den Zahlen?" Sie sammelt und strukturiert die Schüleräußerungen und stellt Alltagssprache und Fachsprache bewusst gegenüber. Diese Gegenüberstellung kann auch an der Tafel visualisiert werden. Dann erläutert sie die fachsprachliche Bedeutung an Beispielen.
Beispiele für Alltagssprache: „Ein Kreis ist rund. Ich laufe eine Runde auf dem Sportplatz."
Beispiel für Sprache der Mathematik:
„Eine Fahrkarte kostet 4,99 €. Wir sagen: Die Fahrkarte kostet rund 5 €, also ungefähr/circa 5 €. Runden in der Sprache der Mathematik bedeutet: Wir sagen, wie viel etwas ungefähr ist. Wir wissen die Zahl/den Preis nicht ganz genau. Dafür nehmen wir einfache Zahlen. Wir sagen: Die Zahlen werden gerundet./Wir runden diese Zahlen."

💬 **Vorwissen zusammenzutragen**, zu aktivieren und zu strukturieren ist ein wichtiger methodischer Schritt, der fester Bestandteil in allen Unterrichtsfächern sein sollte. Die Lehrkraft verschafft sich damit nicht nur einen Überblick über den fachlichen Kenntnisstand der Kinder, sondern gewinnt auch wertvolle Hinweise für die allgemeine Gestaltung der Sprachförderung. Es gilt: Je geringer der Kenntnisstand, je geringer das Vorwissen der Kinder, desto intensiver muss das Thema auch sprachlich aufbereitet werden.

Im zweiten Schritt wiederholt oder erklärt die Lehrkraft die Begriffe „Aufrunden" und „Abrunden", indem sie fragt: „Wie runde ich denn die Zahlen? Was muss ich tun?"

Das Vorwissen der SuS bezüglich der Rundungsregel wird strukturiert und von der Lehrkraft wie folgt versprachlicht und an der Tafel begleitend demonstriert. Dabei betont sie die relevanten Wörter zusätzlich:
„Ich runde die Zahl 23.678 auf die Tausenderstelle. Ich schaue mir den Wert der rechten Nachbarstelle, also die Hunderterstelle genau an. Die Zahl 23.678 hat 6 Hunderter. 6 Hunderter sind näher an 4 Tausender als an 3 Tausender, also **runde** ich die Zahl **auf**. Die Zahl wird **größer**, ich **erhöhe** die Tausenderstelle um +1. Die Zahl gerundet heißt dann 24.000."

Die Lehrkraft schreibt eine zweite Zahl an die Tafel: 23.278 und gibt den SuS die Aufgabe, auch diese Zahl auf die Tausenderstelle zu runden. Die Lehrkraft fragt auch hier zuerst, welche Stellen durch Nullen ersetzt werden müssen. Im zweiten Schritt bittet die Lehrkraft die SuS, den Wert der rechten Nebenstelle, also den Wert der Hunderterstelle, zu nennen. Sie gibt auch hier eine Modellformulierung vor:
„Die Zahl 23.278 hat 2 Hunderter. 2 Hunderter sind näher an 3 Tausender als an 4 Tausender, also **runde** ich die Zahl **ab**, die Zahl wird **kleiner**. Die Zahl gerundet heißt dann 23.000."

Die Rundungsregel kann an der Tafel zusätzlich verdeutlicht werden:

abrunden ←	aufrunden →
0, 1, 2, 3, 4	5, 6, 7, 8, 9
Ich runde die Zahl **ab**.	Ich runde die Zahl **auf**.
Die Zahl wird **kleiner**.	Die Zahl wird **größer**.
45**3** ~ 450	45**6** ~ 460

💬 Die unterschiedliche **Verwendung der Präposition „auf"** muss hier besonders thematisiert werden. Bei der einfachen Aufgabe „Ich runde die Einwohnerzahl von Berlin (3.531.201 Einwohner) auf Hunderttausender" müssen die SuS abrunden, d.h. „auf" bedeutet nicht automatisch aufrunden, wenn ein Objekt folgt. Solche Interferenzen müssen den SuS immer wieder bewusst gemacht werden. Hier kann die Lehrkraft beispielsweise erklären: „Um die Einwohnerzahl zu runden, muss ich mir die Nachbarstelle, also die Zehntausenderstelle genau ansehen. Es sind 3 Zehntausender. Ich will auf Hunderttausender runden. Ich muss also die Zahl kleiner machen, die Zahl abrunden."

Nachdem die Rundungsregel wiederholt und die Begriffe „runden, aufrunden, abrunden" gesichert sind, leitet die Lehrkraft zum eigentlichen Thema hin: Wann und warum ist Runden sinnvoll? Die Lehrkraft erläutert den Sinn des Rundens durch Expansion:

„Runden ist manchmal praktisch und sinnvoll. Wir brauchen z. B. einen schnellen Überblick, wie viel etwas ungefähr kostet. Der genaue Preis ist nicht so wichtig. Wir rechnen dann mit gerundeten Zahlen. Das ist einfacher. Wir können mit gerundeten Zahlen schneller rechnen als mit den genauen/exakten Zahlen."

Daran schließt sich eine gemeinsame Übung zum sinnvollen Runden. Die Lehrkraft erklärt gegebenenfalls die Begriffe „Einwohner" und „Eintrittskarten". Sie bittet die SuS, Vorschläge zu machen, wie die Zahlen an der Tafel gerundet werden sollten und warum und wann das sinnvoll ist. Die Lehrkraft markiert die Ziffer, bis zu der gerundet werden soll, und schreibt die gerundeten Zahlen ebenfalls an die Tafel.
Die Begriffe „ungefähr" und „circa" werden in diesem Zusammenhang häufig gebraucht und entsprechend betont:
„Berlin hat **ungefähr/circa** 3.500.000 Einwohner."
„1 l Milch kostet **ungefähr/circa** 1 Euro."

Ein Beispiel für einen Tafelanschrieb:
(Die gerundeten Zahlen werden zusammen mit den SuS erarbeitet und erst dann angeschrieben.)

Zahlen runden

	genaue Zahlen	gerundete Zahlen
Berlin:	3.**5**31.201 Einwohner	3.500.000
Borussia Dortmund:	**7**8.262 Eintrittskarten	78.000
Cornflakes:	**2**,99 €	3 €
1 Liter Milch:	**1**,09 €	1 €

Beispiele für einfache Fragen und Impulse (Förderhorizont 1 und 2):
„Wie viele Einwohner hat, wie viele Menschen wohnen in Berlin?"
„Wie viele Menschen sind das **ungefähr/circa**?"
„Wie viele Zuschauer waren beim Fußballspiel von Borussia Dortmund?"
„Wie viele Zuschauer waren das **ungefähr/circa**?"
„Was kosten die Lebensmittel?"
„Wie teuer sind die Lebensmittel (Cornflakes, Milch) **ungefähr/circa**?"
„Wir rechnen doch sonst in der Mathematik immer ganz genau. Jetzt machen wir die richtigen Zahlen ungenau. Ist das manchmal sinnvoll?"
„Runden wir immer dieselbe Stelle?"
„Was wird rund bei den Zahlen?"
„Was ist bei den gerundeten Zahlen anders?"

Beispiele für anspruchsvollere Fragen und Impulse (Förderhorizont 3 und 4):

„Warum rechnen wir manchmal nicht mit den genauen, sondern mit gerundeten Zahlen?"

„Was verstehst du darunter, sinnvoll zu runden?"

„Warum haben gerundete Zahlen oft eine oder mehrere Nullen?"

„Ein Kreis ist rund und Zahlen werden gerundet. Erkläre den Unterschied!"

> Runden sollte nicht schematisch erklärt und geübt werden Stattdessen werden die zu rundenden Zahlen **stets in einen Kontext eingebettet**, damit deutlich wird, dass sinnvolles Runden von den zu berechnenden Größen abhängt. Lebensmittelpreise im Supermarkt, z. B. 4,99 €/14,99 € werden z. B. sinnvoller auf die Einerstelle gerundet, während man größere Zahlen besser auf die größte Einheit rundet (z. B. 417.386 ~ 400.000).

Im Anschluss daran fasst die Lehrkraft die Äußerungen der SuS zusammen, erklärt nochmals die Rundungsregel und schreibt dazu einen Merksatz an die Tafel. Die SuS schreiben den Merksatz in ihr Heft und ergänzen diesen gegebenenfalls durch weitere Zahlenbeispiele.

Unser Merksatz – Zahlen runden
Zahlen runden heißt:
Wir rechnen mit einfachen Zahlen.

Das ist manchmal praktisch. Wir bekommen einen schnellen Überblick über eine Zahl oder eine Aufgabe.
Wir können Zahlen auf- oder abrunden.
Steht als rechte Nachbarzahl eine 1, 2, 3 oder 4, runden wir ab. Die Zahl wird kleiner (45**2** ~ 450).
Steht als rechte Nachbarzahl eine 5, 6, 7, 8 oder 9, runden wir auf. Die Zahl wird größer (45**8** ~ 460).
Die Rundungsregel ist immer gleich.

> Schreiben, auch Abschreiben, hat im Fachunterricht Mathematik einen wichtigen Stellenwert. Wie die Erfahrung zeigt, haben alle SuS am Ende der Grundschulzeit eine sehr geringe **Kompetenz im Verfassen fachsprachlicher Texte**. Mit dem Merksatz zum Runden lernen die SuS einen an Fachsprache angenäherten Text (Passivkonstruktionen) kennen und üben Textverständnis sowie spezifisches Fachvokabular (runden, Nachbarzahl).

KV1 Wie runde ich sinnvoll?

MATERIAL/VORBEREITUNG Tafel, Hefte, Atlas oder Deutschlandkarte, KV1

DURCHFÜHRUNG Zur Wiederholung des Themas „Runden von Zahlen" bearbeiten die SuS KV1 in Partnerarbeit. Dabei sollen verschiedene Zahlen sinnvoll gerundet werden, der Kontext ist eine Statistik über bekannte deutsche Nordseeinseln. Im Vorfeld sucht die Lehrkraft zusammen mit den SuS die Lage der Inseln im Atlas/auf einer Karte und klärt gegebenenfalls die Begriffe Einwohnerzahl, Gäste und Fläche. Nach Beendigung der Partnerarbeit tauschen sich die SuS darüber in 4er-Gruppen aus.

Die Lehrkraft stellt jeder Gruppe Satzmuster, die den Austausch strukturieren, zur Verfügung (auf Karteikärtchen, auf einem laminierten DIN-A4-Blatt, als Tafelanschrieb). Sie betreut die einzelnen Gruppen und greift bei sprachschwächeren Kindern unterstützend mit ein.

Einfache Satzmuster (Förderhorizont 1 und 2):
„Du rundest die Zahlen, an welcher Stelle?"
„An welcher Stelle hast du die Zahlen gerundet? Ist das sinnvoll?"
„Ich habe die Zahl an der …stelle gerundet. Das ist sinnvoll/praktisch."
„Ich will ungefähr wissen, wie groß/wie viel(e) …"

Anspruchsvollere Satzmuster (Förderhorizont 3 und 4):
„Warum hast du die Zahl an dieser Stelle gerundet?"
„Die Zahl wird auf die Zehnerstelle/die Hunderterstelle etc. gerundet. Warum ist das für dich sinnvoll?"

TIPP FÜR DIE WEITERARBEIT Kinder der Förderhorizonte 3 und 4 können einen kurzen Vortrag über die Inseln halten und dabei die gerundeten Zahlen verwenden.

ANGEBOTE FÜR DIE FÖRDERHORIZONTE 1–4

 KV2 Mit Überschlag rechnen

 KV3, 4 Ist das Ergebnis richtig oder falsch?

MATERIAL/VORBEREITUNG Tafel, Hefte, KV 2 bis 4

DURCHFÜHRUNG Auch beim Thema „Überschlagsrechnung", das Rechen mit gerundeten Zahlen, sammelt und strukturiert die Lehrkraft zuerst das Vorwissen der SuS. Sie erklärt die Interferenz zwischen der mathematischen und der umgangssprachlichen Bedeutung durch Expansion.

„Überschlag hat hier nichts mit einem Überschlag zu tun, wie ihr ihn vielleicht aus dem Sport kennt. Ein Überschlag oder eine Überschlagsrechnung in der Mathematik bedeutet: Wir runden zuerst die Zahlen einer Aufgabe. Wir rechnen dann mit den gerundeten Zahlen. Diese Rechnung ist einfacher. Das Ergebnis ist nicht genau. Wir wissen dann nur, wie das Ergebnis ungefähr sein muss. Überschlagsrechnungen haben aber dafür zwei große Vorteile, d.h. sind besonders gut für:
- Wir bekommen schnell einen Überblick. Beim Einkaufen wissen wir z.B., wie viel Geld wir ungefähr brauchen.
- Wir können sehr schnell viele Fehler beim Malnehmen und Teilen großer Zahlen finden."

Die Lehrkraft erklärt jeweils eine Aufgabe der KV für die Förderhorizonte 1 und 2 und eine Aufgabe für die Förderhorizonte 3 und 4 an der Tafel. Im Anschluss bearbeiten die SuS in Einzelarbeit die KV entsprechend ihres Förderhorizonts. Die Lehrkraft unterstützt die SuS individuell.
(Sollten die Aufgaben über den mathematischen Fähigkeiten der SuS liegen, kann die KV geändert und leichtere Aufgaben eingefügt werden. Ebenso kann die schriftliche Multiplikation durch das halbschriftliche Rechenverfahren ersetzt werden.)

Lösung KV1: Helgoland ~ 1.100 Einwohner, ~ 460.000 Gäste, ~ 2 km² Fläche; Amrum ~ 2.000 E, ~ 180.000 G, ~ 20 km²; Sylt ~ 21.000 E, ~ 690.000 G, ~ 100 km²; Föhr ~ 9.000 E, ~ 180.000 G, ~ 80 km²; KV 2: 11 · 2.970 = 32.670, 48 · 6.666 = 319.968, 72.872 : 8 = 9.109, 5.913 : 9 = 657; KV 3, 4: 3.272 : 8 = 49 Das Ergebnis ist falsch. (richtig: 409), 4.967 · 45 = 17.315 Das Ergebnis ist falsch. (richtig: 223.515), 21.182 : 7 = 6.026 Das Ergebnis ist falsch. (richtig: 3.026)

> Fachsprachen enthalten generell viele **Formulierungen im Passiv oder in passivähnlichen Strukturen** (z.B. Steht in der rechten Nachbarzahl 1, 2, 3 oder 4, wird abgerundet.) Passivformen werden auch von Kindern mit der Muttersprache Deutsch erst sehr spät (am Ende der Grundschulzeit) erworben und von den meisten Kindern oftmals nicht richtig verstanden. Teilweise wird das Passiv mit dem Futur verwechselt. Die KV für die Förderhorizonte 3 und 4 enthalten Sätze im Passiv zum Üben, die sich leicht aus dem Kontext erschließen lassen.

Nachdem die SuS die Aufgaben gelöst haben, werden Gruppen mit 4 Kindern gebildet. In den Gruppen sollten möglichst SuS aus allen 4 Förderhorizonten zusammenarbeiten. Nun können alle Kinder ihre Kenntnisse anwenden. Jedes Kind denkt sich eine Multiplikationsaufgabe aus und rechnet die Aufgabe im Heft. Danach präsentiert jedes Kind der Gruppe seine Aufgabe. Die 3 anderen Kinder berechnen den Überschlag und prüfen das Ergebnis. Die Lehrkraft strukturiert die Gruppenarbeit, indem sie folgende Aufgabe stellt:
Gruppe 1 und 2: Ihr schreibt eine Aufgabe auf. Die anderen müssen durch eine Überschlagsrechnung das ungefähre Ergebnis nennen.
Gruppe 3 und 4: Ihr schreibt eine Aufgabe mit einem richtigen oder falschen Ergebnis auf. Die anderen müssen durch eine Überschlagsrechnung erkennen, ob das Ergebnis richtig oder falsch ist.

> Nominalisierungen und Genitivattribute (z.B. die Richtigkeit der Aufgabe, das Berechnen des Überschlags) sind **typische sprachliche Merkmale von Fachsprachen**. Die Sprache wird dadurch unpersönlich und allgemeingültig. Beide Formen kommen in der alltäglichen mündlichen Kommunikation sehr selten vor und müssen somit im Unterricht ab Förderhorizont 3 thematisiert und eingeübt werden. Beide Formen können in Konditionalsätze umgewandelt werden, sodass die Form wieder persönlich und kontextbezogen wird. Ein Beispiel: Meine Aufgabe ist richtig, wenn ich fehlerfrei gerechnet habe.

TIPP FÜR DIE WEITERARBEIT Die SuS entwickeln eigene Aufgaben und schreiben diese auf Karteikarten. Die Lösungen werden auf die Rückseite geschrieben. Ein Kind liest die Aufgabe vor, das andere Kind erklärt und rechnet die Aufgabe. Das erste Kind kontrolliert anhand der Karte die Lösung. Die Karteikarten stehen als Freiarbeitsmaterial zur Verfügung.

Wie runde ich sinnvoll?

Du findest hier Informationen über deutsche Nordseeinseln. Schau dir die Zahlen an. Runde die Zahlen sinnvoll. Auf welche Stelle rundest du? Markiere die Stelle.

genaue Zahlen	gerundete Zahlen (ungefähr – circa)
Helgoland Einwohner: 1.125 Gäste: 456.287 Fläche: 1,7 km²	Einwohner: _____ Gäste: _____ Fläche: _____
Amrum Einwohner: 2.281 Gäste: 175.698 Fläche: 20,46 km²	Einwohner: _____ Gäste: _____ Fläche: _____
Sylt Einwohner: 20.852 Gäste: 685.124 Fläche: 99,14 km²	Einwohner: _____ Gäste: _____ Fläche: _____
Föhr Einwohner: 8.593 Gäste: 182.582 Fläche: 82,82 km²	Einwohner: _____ Gäste: _____ Fläche: _____

Mit Überschlag rechnen

1 | Rechne die Mal- und Geteiltaufgaben. Überprüfe deine Ergebnisse durch eine Überschlagsrechnung. Rechne in 4 Schritten.

48 · 666	11 · 2970

1. Schritt:
Ich runde die Zahlen.

50 · 700 =

1. Schritt:
Ich runde die Zahlen.

2. Schritt:
Ich berechne den Überschlag.

50 · 700 = 35 000

2. Schritt:
Ich berechne den Überschlag.

3. Schritt:
Ich rechne die Aufgabe.

```
  4 8 · 6 6 6 =
  ─────────────
      2 8 8
        2 8 8
          2 8 8
      1 1 1
  ─────────────
    3 1 9 6 8
```

3. Schritt:
Ich rechne die Aufgabe.

4. Schritt:
Ich vergleiche die Ergebnisse:
☒ Das Ergebnis ist kleiner als der Überschlag.
☐ Das Ergebnis ist größer als der Überschlag.

4. Schritt:
Ich vergleiche die Ergebnisse:
☐ Das Ergebnis ist kleiner als der Überschlag.
☐ Das Ergebnis ist größer als der Überschlag.

2 | Rechne diese Aufgaben. Berechne zuerst den Überschlag. Schreibe dazu immer die 4 Schritte und die Rechnungen in dein Heft.

48 · 6666 =   72 872 : 8 =   5913 : 9 =

Ist das Ergebnis richtig oder falsch?

1| Das kannst du durch eine Überschlagsrechnung schnell herausfinden. Dabei musst du 3 Schritte beachten.

| 2078 · 23 = 37794 | 3272 : 8 = 49 |

1. Schritt:
Die Zahlen werden zuerst gerundet.

2 0 0 0 · 2 0 =

2. Schritt:
Dann wird der Überschlag gerechnet.

2 0 0 0 · 2 0 = 4 0 0 0 0

3. Schritt:
Der Überschlag wird mit dem Ergebnis verglichen.
Das Ergebnis ist falsch. Beide Zahlen wurden abgerundet.
Daher muss das Ergebnis größer als 40 000 sein.

1. Schritt:
Die Zahlen werden zuerst gerundet.

2. Schritt:
Dann wird der Überschlag gerechnet.

3. Schritt:
Der Überschlag wird mit dem Ergebnis verglichen.

Das Ergebnis ist

2| Sind diese Aufgaben richtig?
Schreibe den Überschlag und deine Begründung in dein Heft.

4967 · 45 = 17315   21182 : 7 = 6026

Diese Satzmuster helfen dir dabei:
Die Zahlen des Überschlags sind viel größer/viel kleiner.
Daher muss das Ergebnis richtig/falsch sein.

Ist das Ergebnis richtig oder falsch?

1| Ob das Ergebnis stimmt, kannst du durch eine Überschlagsrechnung schnell herausfinden. Dabei musst du 3 Schritte beachten.

2078 · 23 = 37794

3272 : 8 = 49

1. Schritt:
Die Zahlen werden zuerst gerundet.

2 0 0 0 · 2 0 =

1. Schritt:
Die Zahlen werden zuerst gerundet.

2. Schritt:
Dann wird der Überschlag gerechnet.

2 0 0 0 · 2 0 = 4 0 0 0 0

2. Schritt:
Dann wird der Überschlag gerechnet.

3. Schritt:
Der Überschlag wird mit dem Ergebnis verglichen.
Das Ergebnis ist falsch. Das Ergebnis muss größer als 40000 sein, weil beide Zahlen abgerundet wurden.

3. Schritt:
Der Überschlag wird mit dem Ergebnis verglichen.

Das Ergebnis ist

2| Sind diese Aufgaben richtig? Schreibe den Überschlag und deine Begründung in dein Heft.

4967 · 45 = 17315

21182 : 7 = 6026

Diese Satzmuster helfen dir dabei:

Das Ergebnis ist richtig/falsch, weil ... ■ Das Ergebnis kann nicht stimmen, weil ... ■ Das Ergebnis muss falsch sein, weil ... ■ Das Ergebnis kann richtig sein, weil ... ■ Das Ergebnis muss größer/kleiner sein, weil ...

ENTFERNUNGEN BERECHNEN
Mein Schulweg

Der Themenbereich Rechnen mit Längen knüpft an die Vorerfahrungen im 2. Schuljahr (Meterstab) an und umfasst folgende Schwerpunkte: Die Längeneinheiten Kilometer, Dezimeter und Zentimeter werden eingeführt, die Beziehungen der Längeneinheiten untereinander verdeutlicht.

Die Einführung der Längeneinheiten muss mit einer Entwicklung von Größenvorstellungen gekoppelt sein. Dabei sollten Vergleichsgrößen, die möglichst aus der Lebenswelt der Kinder stammen, als Vorstellungshilfen vermittelt werden. In diesem Förderbaustein lernen die SuS die Längeneinheit Kilometer kennen und ermitteln Strecken, indem sie die Entfernung ihres Schulweges berechnen.

Sprachlich ist die Erarbeitung des Fachwortschatzes der zentrale Förderbereich. In diesem Zusammenhang sind vor allem die unterschiedlichen Bedeutungen der Begriffe „Entfernung", „Strecke" und „Strahl" herauszuarbeiten. Der Baustein bietet dazu vielfältige Satzmuster und erklärende Skizzen als Beispiele an. Skizzen sind häufig ein guter Weg, um Fachbegriffe verständlich zu machen.

Die Wörter, die die Verhältnisse zwischen den beiden Elementen Weg und Zeit ausdrücken (durchschnittlich, verschieden, unterschiedlich), müssen ebenfalls im Kontext erarbeitet und bewusst gemacht werden, da sie von Kindern umgangssprachlich nicht benutzt werden. Auch hier bietet der Baustein entsprechende Satzmodelle an.

Überblick über die Förderangebote

GESAMTE LERNGRUPPE

- Fachwortschatz zum Thema „Entfernungen berechnen" einführen und sichern
- Interferenzen Fachsprache/Umgangssprache klären
- Bedeutung von Verben mit besonderen Vorsilben im Kontext erarbeiten
- Vermutungen über die Länge eines Kilometers äußern
- ein Kilometerprotokoll erstellen

KV1 Unser Kilometerprotokoll

FÖRDERHORIZONT 1 UND 2

- proportionale Zuordnung mit einfachen Aussagesätzen erklären

KV2 Mein Schulweg

FÖRDERHORIZONT 3

- proportionale Zuordnungen mit Satzverbindungen (Zuerst ..., dann ..., am Ende) begründen
- Gebrauch der Inversionsstellung

KV3 Mein Schulweg

FÖRDERHORIZONT 4

- proportionale Zuordnungen mit Nebensatzstrukturen begründen (weil, wenn ... dann, dass)

KV4 Mein Schulweg

Wortschatz

NOMEN der Kilometer, die Strecke, der Strahl, der Zahlenstrahl, das Ziel, die Entfernung, der Abschnitt, der Unterschied, die Dauer, das Messrad, das Protokoll, das Kilometerprotokoll, das Ausmessen, die Vermutung, die Berechnung, die Schrittlänge …

VERBEN zurücklegen, lege … zurück, stoppen, ausmessen, messe … aus, abmessen, messe … ab, (Zeit) messen, schätzen, dauern, überlegen, betragen, berechnen, angeben, gebe … an, ermitteln, erstellen, durchführen, wiedererkennen, erkenne … wieder, erinnern …

ADJEKTIVE weit, nah, markant, auffällig, wichtig, durchschnittlich, unterschiedlich, verschieden, ungefähr …

SONSTIGE von … bis, nach, ca., etwa, zurück, oft …

PHRASEN Wir erstellen ein Kilometerprotokoll., Wir notieren markante Punkte., Wir messen die Zeit., Wir schätzen/berechnen die Länge eines Kilometers., Wir schätzen/berechnen die Entfernung., Die Entfernung beträgt …, Wir übertragen die Ergebnisse von … auf …, Nach meiner Berechnung …, Ich brauche für 100 Meter …

INTERFERENZEN

der Strahl → der Wasserstrahl, der Sonnenstrahl

die Strecke → die Rennstrecke, auf der Strecke bleiben

der Punkt → ein Satzzeichen, ein gemalter Punkt

zurücklegen → Geld sparen, im Geschäft etwas zurücklegen lassen

angeben → prahlen

betragen → benehmen

ermitteln → Kriminalfall klären

ANGEBOT FÜR DIE GESAMTE LERNGRUPPE

Kennenlernen der Einheit Kilometer – ein Kilometerprotokoll erstellen

1. Einheit

MATERIAL/VORBEREITUNG Messrad (falls nicht vorhanden, 50-Meter Maßband), Kreide, Stoppuhren, vergrößerter Tausenderstrahl (einfach herzustellen: einen auf DIN A3 vergrößerten Hunderterstreifen zehnmal kopieren), KV 1

DURCHFÜHRUNG Dieses Unterrichtsvorhaben erfordert eine gute Vorbereitung und erstreckt sich über mehrere Unterrichtsstunden. Es lohnt sich aber sehr, da die Handlungsorientierung den Kindern erfahrungsgemäß viel Freude bereitet, vielfältige Sprechanlässe bietet und die SuS eine sehr gute Größenvorstellung vermittelt bekommen.

Im Vorfeld: Die Lehrkraft überlegt, welche Strecke (Länge 1 km) in unmittelbarer Nähe der Schule sich gut eignet, um mit den SuS diese Strecke zu Fuß abzugehen und entsprechend alle 100 Meter markante Punkte zu dokumentieren. Liegt die Schule direkt in der Innenstadt, gibt es vielleicht einen Grüngürtel, einen Park oder eine verkehrsberuhigte Zone, die sich für das Vorhaben gut eignet. Eventuell führt die Lehrkraft das Vorhaben zusammen mit einer anderen Lehrkraft/Praktikantin durch oder bittet Eltern als Helfer dazu.

In der Klasse: Die Lehrkraft informiert über das Thema Entfernungen messen und fragt die SuS:
„Wie lang ist ein Kilometer?"
Die von den SuS geäußerten Vermutungen geben der Lehrkraft Hinweise über das sprachliche und fachliche Vorwissen der SuS.

Sprachliche Vorbereitung: Die Lehrkraft wiederholt die Frage und erläutert weiter: „Unser Anfang/Startpunkt ist … (z. B. Ecke Königsstraße/Waldweg). Wir starten Ecke Königsstraße/Waldweg und gehen die Königsstraße entlang. Nach einem Kilometer stoppen wir. Wo werden wir stoppen? Wie weit müssen wir gehen?"

Die Lehrkraft zeichnet zur Erklärung wichtiger Begriffe eine Skizze an die Tafel, trägt die Begriffe ein und verdeutlicht damit das Vorhaben.

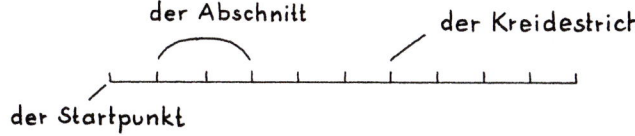

Die Lehrkraft schreibt die von den SuS geäußerten Vermutungen unter die Skizze an die Tafel. Diese Tafelanschrift ergänzt sie mit weiteren wichtigen Begriffen und Umschreibungen, wenn sie mit den SuS als nächsten Schritt die Organisation des Vorhabens bespricht.

Möglicher Tafelanschrieb

> Wir starten, das heißt, wir gehen los …
> Wir stoppen, das heißt, wir halten an …
> Wie markieren die Entfernung nach … Metern mit einem Kreidestrich. Das heißt, wir machen einen Kreidestrich auf die Straße.
> Wir machen Notizen. Das heißt, wir schreiben etwas auf, wir notieren etwas.

Möglicher Tafelanschrieb – Fortsetzung

> **Markante** Punkte sind **wichtige** Punkte: Zum Beispiel ein Kiosk/ein Geschäft, ein besonderes Haus, ein großer Baum, eine Abzweigung.
> (Der Begriff „Abzweigung" kann durch eine kleine Skizze veranschaulicht werden.)
> Wir erstellen ein Kilometerprotokoll. Das heißt, wir messen und untersuchen einen Kilometer und schreiben unsere Ergebnisse auf.

Der mathematische Fachwortschatz zum Thema Entfernungen messen ist sehr abstrakt: „die Entfernung, die Dauer, Zeit messen." Diese **Begriffe müssen anhand von Beispielen und durch Skizzen erläutert werden**. Andere bildungssprachliche Begriffe, die nicht zum mathematischen Fachwortschatz gehören, werden von vielen Kindern ebenfalls nicht verstanden. Dazu gehören z.B. Begriffe wie „Abzweigung, Notizen, Startpunkt, betragen, ermitteln, zurücklegen, erstellen". Diese Begriffe werden umgangssprachlich kaum gebraucht und dürfen somit auch nicht vorausgesetzt werden. Die Bedeutung des Begriffs „Abzweigung" wird durch eine Skizze verdeutlicht und vor Ort wiederholt. Die Begriffe „Notizen" und „Startpunkt" können durch Expansion erläutert werden. „Wenn ich mir etwas aufschreibe, notiere ich etwas, ich mache Notizen. Der Startpunkt ist der Punkt, von dem wir starten, von dem wir losgehen." Die Bedeutung der Verben kann nur im Kontext erklärt werden. „Zurücklegen bedeutet nicht, ich lege etwas zurück, ich spare. Für unser Thema Entfernungen bedeutet zurücklegen, eine Strecke gehen."

Organisatorische Vorbereitung: Die Lehrkraft teilt die Klasse jetzt in Gruppen auf und erklärt den Ablauf des Vorhabens:
„Wir gehen einen Kilometer und markieren die Entfernung nach 100 Metern, 200 Metern … mit einem Kreidestrich. Ihr notiert, welche markanten Punkte ihr in diesem Abschnitt findet."

Die Lehrkraft erklärt den Begriff „markant" durch Expansion: „Eine markante Stelle kann der Kiosk, eine Hausnummer, die Bushaltestelle, die Abzweigung Möllerstraße … sein. Eine markante Stelle ist etwas Wichtiges oder etwas Auffälliges oder etwas, an das ich mich auf jeden Fall erinnere."

Danach erklärt die Lehrkraft der Klasse die Aufgaben. Die Gruppen arbeiten arbeitsteilig:
- ein Kind markiert die Stelle (alle 100 Meter) mit einem Kreidestrich auf der Straße
- ein Kind notiert Informationen über die markanten Punkte, eventuell können Fotos gemacht werden
- ein Kind geht die 100 Meter in durchschnittlicher Geschwindigkeit und mit durchschnittlicher Schrittlänge
- ein Kind zählt und notiert die Anzahl der Schritte (hier 5er-Bündelung wiederholen)

Das Führen des Messrades ist sicherlich sehr begehrt und sollte abwechselnd von den Gruppen übernommen werden. Beim Rückweg wird die Zeit nach jeweils 100 Metern gemessen. Die Gruppe erhält mindestens eine Stoppuhr. Die SuS gehen gemeinsam in der Gruppe in durchschnittlicher Geschwindigkeit. Ein Kind stoppt die Zeit, wobei gewechselt werden kann. Alle Kinder notieren unterwegs die gemessene Zeit auf KV1. Auf die genaue Berechnung der Durchschnittsgeschwindigkeit wird hier verzichtet.

Für die Messaktion müssen die SuS nicht nur organisatorisch, sondern auch durch das Einüben wichtiger Satzmuster vorbereitet werden. Die SuS müssen ihre Handlungen versprachlichen und die Aufgabenstellung der Lehrkraft verstehen können. Dazu übt die Lehrkraft mit der Klasse Satzmuster ein. Das geplante Vorhaben wird anhand der Tafelskizze noch einmal „durchgespielt".
Auf die Frage „Was musst du tun?" werden gemeinsam Antworten erarbeitet. Gegebenenfalls gibt die Lehrkraft die korrekte Formulierung vor. Die SuS wiederholen die Satzmuster mehrmals.

Beispiele für einfache Satzmuster (Förderhorizont 1 und 2):
„Wir messen auf dem Hinweg immer 100 Meter ab."
„Wir sehen auf dem Hinweg, wie lang ein Kilometer ist."
„Ich habe 100 Meter abgemessen. Ich markiere die Stelle mit einem Kreidestrich."
„Ich sehe einen (Kiosk, einen Spielplatz). Das ist ein markanter Punkt. Das schreibe ich auf."
„Wir messen die Zeit auf dem Rückweg."
„Wir sehen auf dem Rückweg, wie lange wir für eine Strecke von 100 Meter brauchen."
„Ich habe … Minuten gestoppt."
„Wir haben für die letzten 100 Meter … Minuten gebraucht."
„Wir gehen in durchschnittlicher Geschwindigkeit. Das bedeutet: Wir rennen nicht und wir trödeln nicht."

Beispiele für anspruchsvollere Satzmuster (Förderhorizont 3 und 4):

„Ich habe 100 Meter abgemessen, jetzt kann ich die Stelle mit einem Kreidestrich markieren."

„Ich entscheide mich, welche markanten Punkte ich aufschreibe."

„Wir müssen ganz „normal" gehen. Also nicht rennen und nicht trödeln, weil wir mit durchschnittlicher Geschwindigkeit gehen sollen."

💬 Das Ausmessen des Kilometers soll von den Kindern in Gruppen selbstständig ausgeführt werden. Damit diese komplexen Anforderungen an die Kinder, das Ausmessen und die Kommunikation in den Gruppen, gelingen kann, wird das Ausmessen sprachlich vorbereitet (z. B. Wir starten Ecke … Straße. Wir stellen das Messrad auf 0. Nach 100 Metern machen wir einen Kreidestrich. Wir haben dann die ersten 100 Meter ausgemessen.) Das **Einüben des handlungsbegleitenden Sprechens** bereitet die Kinder auf ihre Aufgabe vor und entlastet sie während des Ausmessens.

Auswertung in der Klasse: Wieder zurück im Klassenraum tauschen die einzelnen Gruppen ihre Informationen aus, damit alle Kinder den gleichen Stand haben. Die Lehrkraft strukturiert den Austausch und stellt dazu folgende Leitfragen, entweder als Satzstreifen oder als Tafelanschrift, zur Verfügung.

Beispiele für einfache Fragen und Impulse (Förderhorizont 1 und 2):

„Was habt ihr für den ersten Abschnitt bei 100 Metern, für den zweiten Abschnitt bei 200 Metern, bei 300 … aufgeschrieben?"

„Welche wichtigen/auffälligen/markanten Punkte sind euch aufgefallen?"

„Wie lange habt ihr für 100 Meter gebraucht?"

„Wo wart ihr nach 200, 300 … Metern?"

„Wie lang ist 1 Kilometer? Habt ihr das vorher richtig geschätzt?"

„Wo habt ihr nach 1 Kilometer gestoppt?"

Beispiele für anspruchsvollere Fragen und Impulse (Förderhorizont 3 und 4):

„Welche Ergebnisse waren für euch besonders überraschend?"

„Welche Punkte sind für euch besonders markant?"

„Warum sind diese Punkte für euch markant?"

„Warum glaubt ihr, hattet ihr die Länge eines Kilometers richtig/falsch eingeschätzt?"

„Wenn ihr die Länge eines Kilometers vorher falsch geschätzt habt, woran lag das? Was glaubt ihr?"

Nachdem die Gruppen ihre Informationen und Erfahrungen ausgetauscht haben, werden die Ergebnisse und Beobachtungen noch einmal mit der ganzen Klasse besprochen. Die Lehrkraft strukturiert die Diskussion, indem sie die Fragen wiederholt, z. B. „Welche Punkte waren für eure Gruppe markant? Wie war das bei den anderen Gruppen?"

Die SuS erhalten die KV 1 noch einmal, übertragen – die auf dem Weg gemachten Notizen sind sicherlich sehr unordentlich – und ergänzen die zusätzlich gewonnenen Informationen.

Im Anschluss werden die Ergebnisse der gesamten Klasse auf ein großes Kilometerprotokoll, das auf dem Schulflur befestigt werden kann, übertragen. Dazu teilt die Lehrkraft die Klasse in vier Gruppen ein. Jede Gruppe bearbeitet 250 Meter und erhält dazu einen Teil eines stark vergrößerten Zahlenstrahls. Die Lehrkraft gibt den Gruppen den Auftrag, ihre Notizen auf dem Zahlenstrahl einzutragen bzw. zu übertragen, und sammelt Vorschläge welche Informationen dazu gehören.

💬 Sprachlich muss hier zusätzlich die Bedeutung der Verben „eintragen/übertragen" erlernt werden. Es bietet sich an, in Zusammenarbeit mit dem Deutschunterricht generell die **Bedeutungsverschiebungen von Verben (und auch Adjektiven) durch Vorsilben** zu erarbeiten und regelmäßig zu üben. Auch die Verben „stellen/erstellen" und „rechnen/berechnen/ausrechnen" sind hier für den mathematischen Kontext wichtig und sollten im Kontext – zusammen mit ihren möglichen übertragenen Bedeutungen – geklärt werden, z. B.: „Ich **stelle** meine Schultasche neben meinen Tisch". In diesem Satz bedeutet „stellen" – etwas an seinen Platz bringen oder legen. „Ich **erstelle** ein Kilometerprotokoll" bedeutet – ich berechne, zeichne ein Kilometerprotokoll.

Wie lang ist mein Schulweg?

2. Einheit

Nachdem die SuS nun eine Vorstellung über die Einheit Kilometer gewonnen haben, wiederholt die Lehrkraft die Beziehungen zwischen Meter und Kilometer und stellt folgende Fragen:

Beispiele für Fragen und Impulse:

„Wie viele Meter sind ein Kilometer?"

„Wie oft/wie viele Male haben wir 100 Meter markiert?"

„Wir sind 300, 400 … Meter gegangen. Wie viele Meter fehlen bis zum Kilometer?"

Die Lehrkraft wiederholt ebenso wichtige, bisher meist implizit gebrauchte Begriffe (die Dauer Zeit messen, ca.), und schreibt diese auf ein Wortspeicherplakat. Zusammen mit den SuS wird die Bedeutung der Begriffe durch Expansion erläutert. Ein Beispiel: „Die **Dauer** bedeutet, wie lange etwas gedauert hat. Wir können auch sagen, wie viel Zeit wir für etwas gebraucht haben, oder wie viele Minuten oder Stunden wir gebraucht haben. Dauer bedeutet: Wie viel Zeit. **Ca.** bedeutet ungefähr oder etwa. Ich weiß etwas nicht genau, wie lang etwas dauert, ich sage es sind ca. 5 Minuten, also ungefähr 5 Minuten. Es kann etwas kürzer oder etwas länger sein."

Die fachsprachliche Bedeutung der Begriffe „Strecke", „Strahl" und „Entfernung" wird zusätzlich durch eine Zeichnung verdeutlicht.

die Entfernung

Die Entfernung von München nach Stuttgart beträgt 218 km.
Von München nach Stuttgart fahre ich 218 km.
Stuttgart ist 218 km von München entfernt.

die Strecke

Eine Strecke hat immer 2 Endpunkte.
Ich fahre die Strecke von Hamburg nach Kiel mit der Bahn.

der Strahl (Zahlenstrahl)

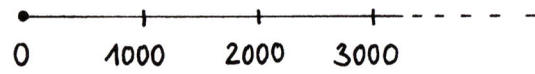

Ein Strahl hat einen Anfang, aber kein Ende.
Wenn wir zählen, gibt es kein Ende. Wir können immer weiterzählen.
Zahlen schreiben wir auf einen Zahlenstrahl.

Dann erläutert die Lehrkraft die Problemfrage:
„Wie lang ist dein Schulweg? Wie kannst du das möglichst einfach und schnell herausfinden? Bitte schreibe deine Vorschläge als Stichpunkte auf ein Blatt."
(Kinder, die einen Schulbus benutzen, sollten die Länge der Strecke bis zur Bushaltestelle ermitteln. Der Fahrer wird sicherlich anhand des Tachos die Länge der Fahrstrecke mitteilen. Kinder, die mit dem Auto zur Schule gebracht werden, fragen ihre Eltern.)

Auch hier arbeiten wieder SuS aus allen Förderhorizonten zusammen. Die Lehrkraft verzichtet an dieser Stelle darauf, sprachliche Hilfen vorzugeben, da die SuS lediglich Stichpunkte notieren sollen und die SuS mit höheren Förderhorizonten die anderen Kinder sprachlich unterstützen können.

Die einzelnen Gruppen lesen anschließend ihre Vorschläge vor, die Lehrkraft notiert diese an der Tafel. Dazu gibt die Lehrkraft jetzt Satzmodelle vor:

Beispiele für einfache Satzmuster (Förderhorizont 1 und 2):
„Ich rechne …"
„Ich kann die Länge berechnen. Ich kenne …"
„Ich muss … rechnen/messen."
„Ich überlege. Der 1. Schritt ist …, der 2. Schritt ist …"

Beispiele für anspruchsvollere Satzmuster (Förderhorizont 3 und 4):
„Ich kann die Länge so berechnen, weil ich weiß …"
„Ich schlage vor, dass …"
„Ich glaube, wir können die Länge des Schulwegs so berechnen: …"
„Zuerst rechne ich …, dann …"
„Nach meiner Rechnung/Berechnung …"

Die **Kompetenz des Modellierens** verlangt von den Kindern, dass sie „echte" Situationen und Handlungen (wie der tägliche Schulweg) in mathematische Modelle übersetzen und umgekehrt. Hier müssen besonders Kinder der unteren Erwerbsstufen unterstützt werden, da die Übersetzungsleistungen häufig Inversions- und Nebensatzstrukturen verlangen.

3. Einheit

Die Lehrkraft erläutert das Ziel der Stunde: Jedes Kind soll die Länge des eigenen Schulwegs anhand der Gehdauer berechnen. Die Lehrkraft schreibt eine Tabelle an die Tafel, die die funktionale Beziehungen Länge/Zeit deutlich macht (s. u.). Die SuS übertragen die Tabelle in ihr Heft und tragen in die Zeile „Dauer" die Ergebnisse der eigenen Messungen, die sie beim Kilometerprotokoll (KV1) gemacht haben, ein und rechnen die anderen Werte aus.

Diese proportionalen Abhängigkeiten können rechnerisch exakt bestimmt werden. Die Lehrkraft weist aber darauf hin, dass die Zeit, die Menschen für eine bestimmte Entfernung brauchen, unterschiedlich sein kann (rennen, trödeln, hinken). Dann stimmen die Berechnungen nicht. Sie bittet die SuS in der Gruppe zu überlegen, welche äußeren Einflüsse zu zeitlichen Abweichungen führen können. Auch hier arbeiten wieder SuS aller Förderhorizonte zusammen. Die Lehrkraft strukturiert die Diskussion durch sprachliche Hilfen und fördert so die prozessbezogene Kompetenz des Argumentierens.

> Argumentieren erfordert hohe sprachliche Kompetenzen. Im Einzelnen geht es darum, Vermutungen anzustellen, diese zu überprüfen, zu bestätigen, zu widerlegen, Schlussfolgerungen daraus zu ziehen und diese dann zu begründen. Die subjektiven Einflüsse, die die 100-Meter-Gehzeit bestimmen können, wie unterschiedliches Gehverhalten (z. B. bummeln, rennen) und äußere Einflüsse (z. B. steiler Weg, ebener Weg), müssen in diesem Zusammenhang verallgemeinert und in Beziehung zu dem mathematischen Kontext gesetzt werden. **Die vorgegebenen Satzmuster entlasten die SuS auf den unteren Förderhorizonten** und ermöglichen ihnen, ihre Gedanken zu formulieren, ohne Nebensatzstrukturen gebrauchen zu müssen. Die SuS auf Förderhorizont 3 und 4 üben dagegen den Gebrauch von Kausalsätzen.

Beispiele für einfache Satzmuster (Förderhorizont 1 und 2):

„Es gibt Unterschiede:
1. Einige Menschen gehen …, andere Menschen …
2. Einige Menschen gehen schneller, andere gehen …
3. Ältere Menschen gehen …
4. Einige Wege sind steil, andere …
5. Ich muss … Das dauert länger.
6. Ich brauche für einen … Weg mehr/weniger Zeit."

Beispiele für anspruchsvollere Satzmuster (Förderhorizont 3 und 4):

„1. Es dauert länger, wenn …
2. Für gleich lange Wege, braucht man manchmal unterschiedlich lange, weil …
3. Ältere Menschen gehen meistens … als …
4. Für steilere Wege brauche ich länger als für …
5. Wenn der Weg flach/steil/… ist, dann brauche ich mehr/weniger Zeit.
6. Verschiedene Menschen …"

Die Gruppen präsentieren ihre Ergebnisse anschließend der gesamten Klasse.

> Wörter, die Verhältnisse zwischen verschiedenen Elementen angeben, werden von Kindern umgangssprachlich nicht benutzt. Um den mathematischen Kontext zu verstehen und zu bearbeiten, sind die Wörter „durchschnittlich", „unterschiedlich" und „verschieden" wichtig. Diese Wörter müssen anhand **von Beispielen und durch Umformulierungen erläutert werden**. Beispiel: „Der Waldweg ist sehr steil. Die Möllerstraße ist ganz flach. Dadurch unterscheiden sich der Schulweg von Paul (Waldweg) und der Schulweg von Emine (Möllerstraße). Beide Wege sind unterschiedlich."

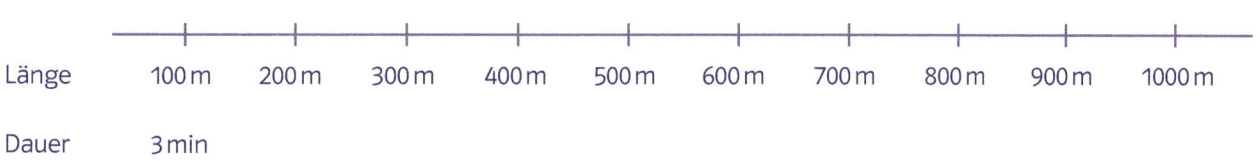

Länge	100 m	200 m	300 m	400 m	500 m	600 m	700 m	800 m	900 m	1000 m
Dauer	3 min									

ANGEBOTE FÜR DIE FÖRDERHORIZONTE 1–4

Ich rechne die Länge meines Schulweges aus

MATERIAL/VORBEREITUNG Uhren, Stoppuhren, KV 2, 3, 4, vergrößerter Zahlenstrahl

DURCHFÜHRUNG Die SuS erhalten die Hausaufgabe, den Schulweg nachmittags in normaler durchschnittlicher Zeit, also ohne zu trödeln und ohne zu rennen, zu gehen und dabei die Zeit zu messen. Die Lehrkraft verteilt, wenn möglich, Stoppuhren an die Kinder, die keine eigene Uhr haben. Die SuS beginnen mit der Zeitmessung, wenn sie das Schultor verlassen haben, und stoppen die Zeitmessung an der Wohnungstür. Wenn die Kinder an einer Ampel oder wegen einer Straßenüberquerung anhalten müssen, sollten sie diese Zeit möglichst am Ende abziehen.

Die Ergebnisse notieren die SuS auf den KV entsprechend ihres Förderhorizontes. Sollten Buskinder in der Klasse sein, müsste die Lehrkraft die KV entsprechend anpassen.

Die SuS berechnen dann die Entfernung Wohnung/Schule, indem sie die vorher gelernten Rechenschritte und Überlegungen anwenden. Die Aufgabenstellung ist hier sehr offen gehalten. Es ist kein Rechenweg vorgegeben, um die Kreativität der SuS nicht einzuengen. Die Lehrkraft weist nochmals darauf hin, dass eine exakte Berechnung der Weglänge und Gehdauer nicht möglich ist.

Nachdem jedes Kind die Entfernung berechnet hat, vergleichen die SuS ihre Berechnungen noch einmal in der Gruppe. Die Lehrkraft betreut die Gruppen und greift sprachlich unterstützend ein.

Beispiele für einfache Satzmuster (Förderhorizont 1 und 2):
„Ich habe … Minuten für meinen Schulweg gebraucht."
„Ich gehe 100 Meter in … Minuten."
„Ich habe eine Tabelle gemacht."
„Ich habe dann die Entfernung von der Schule zu meiner Wohnung berechnet. Der Weg ist ungefähr … Meter lang."

Beispiele für anspruchsvollere Satzmuster (Förderhorizont 3 und 4):
„Ich weiß, dass ich für 100 Meter … Minuten brauche."
„Ich kann die Entfernung berechnen, wenn ich mir eine Tabelle mache."
„Ich ordne dann die Dauer des Weges der Entfernung zu."
„Also muss mein Schulweg … lang sein."

Zum Abschluss teilt jedes Kind der Klasse die Länge und Dauer des eigenen Schulweges (einer Wegstrecke) mit und trägt seine Ergebnisse auf einem von der Lehrkraft vorbereiteten Zahlenstrahl ein.

Die Lehrkraft schreibt dazu folgende Formulierungen an die Tafel:
Ich brauche für meinen Schulweg … Minuten.
Die Entfernung von meiner Wohnung zur Schule beträgt ca./ungefähr … Meter/Kilometer.

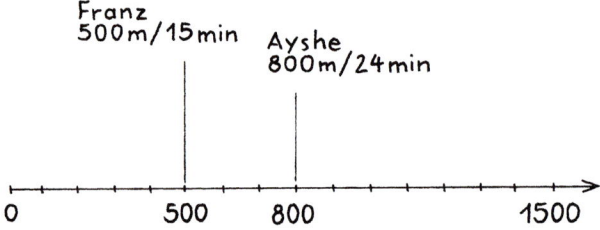

TIPPS FÜR DIE WEITERARBEIT
- Die SuS können berechnen, wie viele Kilometer sie in einer Woche, in einem Monat, in einem Jahr auf dem Weg zur Schule hin- und zurücklegen.
- Die SuS können anhand von Kartenmaterial den eigenen Schulweg pro Woche/Monat etc. mit anderen Entfernungen vergleichen.

Unser Kilometerprotokoll

Trage deine Ergebnisse und Notizen ein.

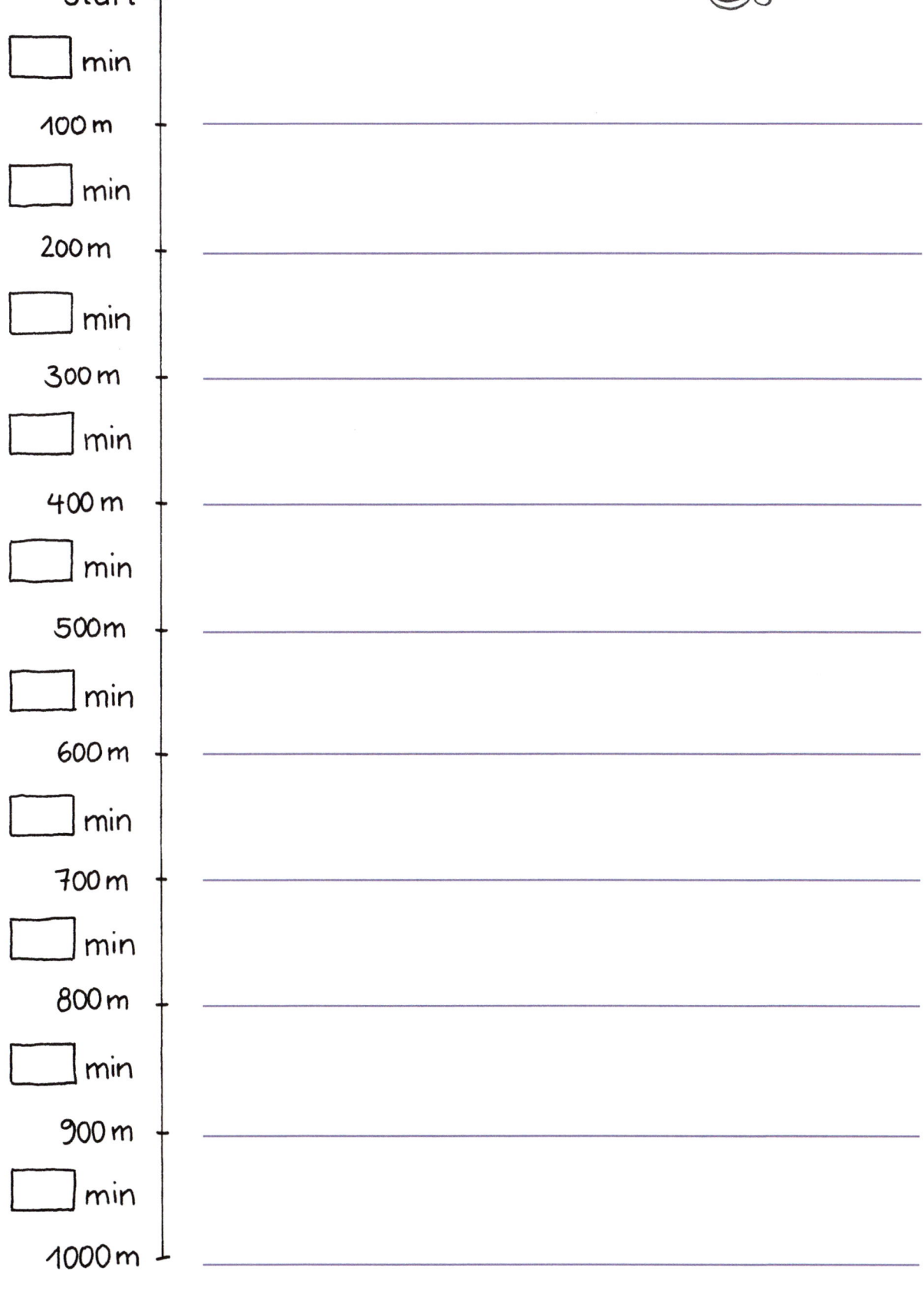

Start
☐ min
100 m
☐ min
200 m
☐ min
300 m
☐ min
400 m
☐ min
500 m
☐ min
600 m
☐ min
700 m
☐ min
800 m
☐ min
900 m
☐ min
1000 m

Mein Schulweg

Meine Adresse
Ich wohne: _____

Datum der Messung
Ich messe die Zeit am: _____

Ergebnis der Zeitmessung
Ich gehe von der Schultür bis zu meiner Wohnung.

Ich brauche _____ Minuten für meinen Schulweg.

Berechnung der Entfernung Wohnung – Schule
Ich rechne die Entfernung von der Schultür zu meiner Wohnung so aus:

1. Schritt: Ich messe die Zeit. Ich brauche _____ Minuten für den Schulweg.

2. Schritt: Ich rechne. Ich brauche für 100 Meter _____ Minuten.

3. Schritt: Ich rechne mit einer Tabelle.

4. Schritt: Ich brauche für den ganzen Weg _____.

Mein Ergebnis

Die Entfernung von meiner Wohnung zur Schule beträgt ungefähr _____.

Die Entfernung von meiner Wohnung zur Schule und zurück beträgt ungefähr _____.

Mein Schulweg

Meine Adresse
Ich wohne: _____

Datum der Messung
Ich habe die Messung am _____ durchgeführt.

Ergebnis der Zeitmessung
Ich bin von der Schultür bis zu meiner Wohnung gegangen.

Dazu habe ich _____ Minuten gebraucht.

Berechnung der Entfernung Wohnung – Schule
Ich habe die Entfernung so ausgerechnet:

1. Schritt: Zuerst habe ich _____

_____

2. Schritt: _____

_____

3. Schritt: _____

_____

4. Schritt: _____

_____

Zeit messen ▪ dann ▪ zum Schluss ▪ Ich weiß ▪ dann brauche ich für ▪ rechnen ▪ überlegen ▪ für 100 Meter brauche ich ▪ Tabelle

Mein Ergebnis
Nach meiner Rechnung beträgt die Entfernung
Wohnung – Schule – Wohnung

ca. _____ .

Mein Schulweg

Meine Adresse
Ich wohne: _____

Datum der Messung
Ich habe die Messung am _____ durchgeführt.

Ergebnis der Zeitmessung

_____

Berechnung der Entfernung Wohnung – Schule
Ich habe die Entfernung so ausgerechnet:

1. Schritt: Zuerst _____
_____

2. Schritt: _____
_____

3. Schritt: _____
_____

4. Schritt: _____
_____

Diese Satzmuster helfen dir:

Zuerst habe ich …, ▪ dann habe ich … ▪ Ich weiß, dass … ▪ Ich überlege, dass … ▪ Wenn …, dann … ▪ Ich kann die Entfernung berechnen, weil …

Mein Ergebnis
Nach meinen Berechnungen beträgt die Entfernung Wohnung – Schule – Wohnung

ca. _____ .

EIGENSCHAFTEN GEOMETRISCHER KÖRPER

Welcher Körper ist das? – Ein Quizspiel

Nachdem die Kinder schon in den ersten beiden Klassen geometrische Körper spielerisch kennengelernt haben, geht es nun darum, die Eigenschaften und Besonderheiten geometrischer Körper zu erarbeiten. Der Themenbereich gliedert sich in drei Schwerpunkte:
- Geometrische Körper (Würfel, Quader, Kugel, Pyramide, Kegel, Zylinder) erkennen und benennen
- Eigenschaften der Körper untersuchen
- Herstellen von unterschiedlichen Modellen

Sprachlich sind die Interferenzen zwischen den umgangssprachlichen und den fachsprachlichen Bedeutungen der Bezeichnungen der zentrale Lernbereich. Die fachsprachliche Bedeutung der Begriffe „Körper, Kegel, Zylinder, Netz" etc. muss exakt herausgearbeitet werden, ebenso die Bedeutung der Komposita „Grundfläche", „Schnittfläche" und „Oberfläche". Der unbestimmte Artikel richtet sich nach dem Genus des Nomens, was für mehrsprachige Kinder eine große Schwierigkeit darstellt. Hinzu kommt, dass der Gebrauch des unbestimmten Artikels nur sehr wenig geübt wird. Die Lehrkraft muss hier besonders deutlich sprechen und darauf achten, dass keine Endungen verschluckt werden. Sie ist wichtig als Sprachvorbild und sollte zahlreiche, möglichst variantenreiche Sprachmuster modellhaft vorgeben. Die sprachlich und fachlich kleinschrittige Hinführung zum abschließenden Quizspiel bietet viele Sprech- und Schreibanlässe für Kinder aller Förderhorizonte zur Festigung und Anwendung des spezifischen Wortschatzes.

In diesem Förderbaustein werden bewusst für alle Förderhorizonte Genitivattribute (das Netz des Quaders, die Schnittfläche der Kugel) verwendet. Genitivattribute sind ein Merkmal der Fachsprachen und werden hier zunächst reproduktiv angeboten. Das ermöglicht den SuS einen ersten Kontakt mit dieser sprachlich schwierigen Form.

Überblick über die Förderangebote

GESAMTE LERNGRUPPE

- Fachwortschatz zum Themenbereich Körperformen erarbeiten
- Interferenzen Fachsprache/Umgangssprache klären
- Merkmale eines Körpers kontextgebunden beschreiben
- Genitivattribute verstehen (das Netz eines Körpers)
- den unbestimmten Artikel im Nominativ, Genitiv und Akkusativ verstehen und anwenden
- monologisches Sprechen „Welcher Körper ist das?" üben

KV 1 Körper und Formen – Wörterliste

KV 2 Schnittflächen

FÖRDERHORIZONT 1 UND 2

- kontextgestütztes Sprechen: Merkmale eines Körpers beschreiben
- einfache Aussagesätze bilden, Fachwortschatz anwenden

KV 3 Welcher Körper ist das?

FÖRDERHORIZONT 3

- kontextgestütztes Sprechen: Merkmale eines Körpers
- Satzreihen mit Inversionsstellung: „dann …, dadurch"
- Fachwortschatz anwenden

KV 4 Welcher Körper ist das?

FÖRDERHORIZONT 4

- kontextgestütztes Sprechen: Merkmale eines Körpers
- Konditionalsätze: „wenn …, dann"
- Fachwortschatz anwenden

KV 5 Welcher Körper ist das?

Wortschatz

NOMEN der Körper – die Körper, der Würfel, der Quader, die Kugel, die Pyramide, der Kegel, der Zylinder, das Netz, die Kante, die Fläche, die Ecke, die Spitze, die Grundfläche, die Schnittfläche, die Oberfläche, die Eigenschaft(en), das Merkmal, die Anzahl, das Quiz …

VERBEN bestehen aus, erhalten, formen, schneiden, teilen …

ADJEKTIVE rund, rechteckig, dreieckig, quadratisch, geometrisch …

SONSTIGE kein(e), alle, gegenüberliegend …

PHRASEN Der Körper (der Würfel/die Pyramide) hat …, Die Merkmale eines Würfels/einer Pyramide sind …, Die Schnittflächen eines Würfels/einer Pyramide sind …, Es entsteht ein Kreis/ein Quadrat …, Das Netz eines Würfels/einer Pyramide besteht aus …, Der Körper hat diese Eigenschaften:…, Die gegenüberliegenden Seiten sind …, Wenn ich den Körper in 2 gleich große Teile teile, dann …

INTERFERENZEN
- der Körper → der menschliche Körper
- die Pyramide → ein Bauwerk in Ägypten
- der Kegel → ein Kegel, das Kegelspiel (hat etwas andere Form)
- der Zylinder → ein Hut, ein Teil eines Motors
- das Netz → das Haarnetz, das Einkaufsnetz, das Handynetz, das Internet
- die Ecke → die Hausecke (ist eine Seite), die Kuschelecke (ist eine Fläche)
- die Kante → Kante zeigen

ANGEBOT FÜR DIE GESAMTE LERNGRUPPE

Geometrische Körper kennenlernen

MATERIAL/VORBEREITUNG Flächenmodelle der Körper Kugel, Würfel, Quader, Kegel, Pyramide, Zylinder, 6 leere DIN-A3-Plakate, mehrere Abbildungen von Körpern und deren Netzen, evtl. auch zum Ausschneiden (diese Modelle und Abbildungen sind an den Schulen in der Regel vorhanden), KV1

DURCHFÜHRUNG Zu Beginn des Themas steht die Erarbeitung des umfangreichen Fachwortschatzes im Vordergrund. Die Lehrkraft präsentiert der Lerngruppe an einem Demonstrationstisch die sechs geometrischen Körper. Um die Körper auch über einen anderen Zugang wahrnehmen zu können, werden die Flächenmodelle der Körper zusätzlich in einen Sack gelegt, damit die SuS die Formen erfühlen können.

Die Lehrkraft sammelt das Vorwissen der Kinder zu den (erfühlten) Körpern. Die SuS werden wahrscheinlich Fachbegriffe und Alltagsbegriffe nennen (Würfel, Turm, Kasten …). Die Lehrkraft schreibt die genannten Begriffe in zwei Spalten an die Tafel, sodass eine Gegenüberstellung von Fachbegriffen und Alltagsbegriffen entsteht. Fehlende (Fach)Begriffe ergänzt sie.

Später legt die Lehrkraft ein zweites Tafelbild an. Hier werden die Begriffe „Netz, Kante, Ecke, Fläche, Figur" und „Form" und deren alltagssprachlichen Bedeutungen gegenübergestellt.

Möglicher Tafelanschrieb:

Fachbegriffe in der Mathematik	Begriffe im Alltag
der Würfel	Brühwürfel, verschiedene Spielwürfel
der Quader	Baustein
die Kugel	eine ruhige Kugel schieben, sich kugeln vor Lachen, Weihnachtsbaumkugel
die Pyramide	Bauwerke in Ägypten, Akrobatikübung
der Kegel	Kegel beim Kegelspiel
der Zylinder	Hut, Teil eines Motors

Fachbegriffe in der Mathematik	Begriffe im Alltag
das Netz	Haarnetz, Einkaufsnetz, Handynetz, Internet
die Kante	Kante zeigen
die Ecke	die Hausecke, die Kuschelecke, die Nussecke
die Fläche	die Rasenfläche, die Spielfläche
die Figur	die Spielfigur, jemand hat eine gute Figur, d.h. er ist schlank
die Form	körperliche Verfassung, gut in Form sein, die Kuchenform

Die Lehrkraft erklärt zusammenfassend, dass auch die mathematischen Körper sich unterscheiden können (Größe, Farbe, Material) Aber:
„Jeder mathematische Körper hat bestimmte Eigenschaften/Merkmale, die immer gleich sind. Diese Eigenschaften/Merkmale sollen untersucht werden/untersuchen wir jetzt."

Die Lehrkraft wiederholt zuerst die Begriffe „Ecke", „Fläche" und „Kante" und zeigt sie an den Körpermodellen. (Beispiele zur sprachlichen Expansion der Begriffe finden Sie im Baustein „Muster und Parkettierungen,

S. 89). Sie stellt einen Würfel und einen Quader auf und bittet die SuS, die Eigenschaften und Merkmale dieser beiden Körper zu beschreiben. Sie fasst die Äußerungen der SuS zusammen und stellt fest, dass beide Körper dieselbe Anzahl von Ecken, Flächen und Kanten haben. Danach fragt die Lehrkraft die SuS, welche Unterschiede denn zwischen den beiden Körpern bestehen. Wenn den SuS die unterschiedlichen Flächengrößen aufgefallen sind, werden sie diese Unterschiede sicherlich zunächst umgangssprachlich formulieren. Die Lehrkraft führt hier den Begriff „gegenüberliegende Seiten" durch sprachliche Expansion ein: Sie zeigt zwei gegenüberliegende Seiten, lässt sich von den SuS weitere gegenüberliegende Seiten zeigen und erklärt: „Diese beiden Seiten sind gegenüber, sie haben ihren Platz gegenüber. Wir sagen auch: Sie liegen gegenüber."

Im zweiten Schritt fragt die Lehrkraft die SuS, wie die beiden Seiten aussehen, und fasst die Äußerungen zusammen:
„Die Seiten, die gegenüberliegen, sind gleich groß, wir können kürzer sagen: Die gegenüberliegenden Seiten sind gleich groß."

Die Lehrkraft erklärt nun den Begriff „Oberfläche", indem sie die Oberfläche der Körper mit der Hand umfährt/die SuS verschiedene Körper mit den Händen umfahren lässt. Sie kann den Begriff durch einen Vergleich erläutern:
„Die Oberfläche eines Körpers ist die Fläche, die wir außen sehen, so ähnlich wie die Haut eines Menschen. Die verschiedenen mathematischen Körper haben verschiedene Oberflächen. Wir können die Körper auseinanderklappen. Dann heißen die Oberflächen auch Netze."
Die Lehrkraft klappt zur Demonstration einen Würfel auseinander, zeigt das Würfelnetz und erklärt die fachsprachliche Bedeutung des Begriffes „Netz":
„Wenn ich Körper auseinanderklappe, erhalte ich eine Fläche. Diese Fläche ist das Netz des Körpers. Ein solches Netz besteht aus mehreren, meistens verschiedenen geometrischen Figuren (Quadrate, Dreiecke usw.)."

Da die Kinder hier fachlich und sprachlich viel Neues verarbeiten müssen, finden sie auf einer **Wörterliste** Abbildungen und Bezeichnungen der Formen und Körper noch einmal zusammengefasst vor (KV 1). Die Wörterliste können die SuS während der Bearbeitung des gesamten Themas immer wieder als visuelle Stütze verwenden.

> 💬 Die Erarbeitung des Fachwortschatzes ist von grundlegender Bedeutung. Viele Begriffe kennen die SuS nur in ihrer umgangssprachlichen Bedeutung (Körper, Zylinder, Kegel, Netz, Ecke …). Die umgangssprachlichen Bedeutungen unterscheiden sich jedoch von den fachsprachlichen Definitionen. Diese **Bedeutungsinterferenzen** werden im gemeinsamen Gespräch geklärt und bewusst gegenübergestellt.

Die Lehrkraft teilt die Klasse in 6 Gruppen ein. Jede Gruppe soll die Eigenschaften eines der geometrischen Körper untersuchen und die Ergebnisse anschließend auf einem DIN-A3-Plakat dokumentieren. Die SuS erhalten dazu Abbildungen des Körpers und seines Netzes als Kopiervorlage. Sie können selbst zeichnen oder die Abbildungen ausschneiden und auf das Plakat kleben. Die Lehrkraft erläutert der Gruppe, die die Kugel bearbeitet, dass das Netz einer Kugel nicht gezeichnet werden kann. Sie hilft der Gruppe bei der Formulierung dieser Aussage und greift bei allen Gruppen unterstützend ein, wo es nötig ist.

Die Gliederung des Plakats wird an der Tafel oder einem Merkplakat vorgegeben:

Name der Körpers:
Eigenschaften des Körpers:
Ein _____ hat _____ Flächen
Ein _____ hat _____ Ecken
_____ Kanten

Eigenschaften der Oberfläche:
Das ist das Netz einer/eines _____ .

Die Oberfläche eines/einer _____
besteht aus:
einer Fläche, _____ Quadraten, _____ Rechtecken,
_____ Kreisen, _____ Dreiecken.

Wenn alle Gruppen ihre Plakate erstellt haben, präsentiert jede Gruppe ihren Körper den anderen Kindern. Dazu erarbeitet die Lehrkraft zusammen mit den SuS Satzmuster, die zum Präsentieren der Plakate gebraucht werden.

Beispiele für einfache Satzmuster (Förderhorizont 1 und 2):
„Wir haben … untersucht."
„Der Körper heißt …"
„Der Körper hat … Ecken/ Kanten/Seiten."
„Ihr seht hier das Netz des Körpers."
„Das Netz besteht aus …"
„Die Oberfläche des Körpers besteht aus …"
„Diese 2 gegenüberliegenden Seiten sind gleich groß."
„Alle gegenüberliegenden Seiten sind gleich groß."

Beispiele für anspruchsvollere Satzmuster (Förderhorizont 3 und 4):

„Der Körper, den wir untersucht haben, heißt …"
„Wenn ich den Körper aufklappe, erhalte ich das Netz des Körpers. Es besteht aus …"
„Hier seht ihr das Netz des Körpers."
„Ein besonderes Merkmal ist, dass jeweils 2 gegenüberliegende Seiten/alle Seiten gleich groß sind."

Die Lehrkraft erklärt den SuS, dass bei der anschließenden Präsentation jedes Kind mindestens einen Satz vortragen sollte. Sprachschwächere SuS können die Sätze des Plakats vorlesen, während die Kinder auf Förderhorizont 3 und 4 den Körper schon mit eigenen Worten beschreiben können.

Die SuS präsentieren ihre Plakate nun den anderen Gruppen. Die Lehrkraft achtet auf die korrekte Verwendung der Fachbegriffe. Die Plakate werden dann während der gesamten Unterrichtsreihe in der Klasse ausgestellt, zusammen mit den Flächenmodellen der Körper. Die SuS können weitere Modelle mitbringen und die Sammlung ergänzen.

💬 Die Präsentation der Plakate ist **kontextgestützt und dialogisch**. Die SuS können auf das Plakat und die Modelle (also den Kontext) verweisen. Die Lehrkraft und die anderen SuS können bei der Vorstellung Fragen stellen oder Ergänzungen vornehmen. Kontextgestütztes Sprechen ist somit noch relativ einfach, da nicht alle Informationen ausschließlich sprachlich übermittelt werden müssen.

ANGEBOTE FÜR DIE FÖRDERHORIZONTE 1–4

KV 2 Schnittflächen 👥

MATERIAL/VORBEREITUNG Kartoffeln, Messer, Knetmasse, Unterlage, KV 2

DURCHFÜHRUNG Die geometrischen Körper sollen jetzt genauer untersucht werden. Die Lehrkraft schneidet aus einer Kartoffel einen Würfel und/oder formt einen Würfel aus Knete. Sie erklärt die folgende Aufgabe für sprachschwächere Kinder mit einfachen, aktiven Formulierungen, während sie Kindern auf den Förderhorizonten 3 und 4 anspruchsvollere Anweisungen mit Passivkonstruktionen anbieten kann:
„Ich teile den Würfel in 2 gleiche Teile. Ich will wissen, welche Formen die Schnittflächen haben."
„Dieser Körper/der Würfel soll in 2 gleiche Teile geteilt werden. Es soll untersucht werden, welche Formen die Schnittflächen haben."

Diese Aufgabe wird beispielhaft ausgeführt, wobei die Lehrkraft handlungsbegleitend mit den SuS die Bedeutung des Begriffes „Schnittfläche" klärt. Anschließend vergewissert sie sich, ob die Aufgabe von allen Kindern verstanden wurde, indem sie diese durch SuS wiederholen lässt.

💬 Bei der Erteilung von Arbeitsaufgaben sollte die Lehrkraft langsam sprechen und immer wieder Pausen einlegen, damit die SuS Zeit haben, die Gedanken nachzuvollziehen. **Schlüsselwörter** (in zwei gleiche Teile, Formen, Schnittfläche) sollten besonders betont werden. Wichtig ist auch, dass die Lehrkraft die Arbeitsaufgaben von den SuS wiederholen lässt. Die SuS müssen die Arbeitsaufgabe in Gedanken durchgehen und in Sprache fassen. So kann das mathematische und sprachliche Verständnis handlungsbegleitend überprüft werden. Gleichzeitig schafft diese mündliche Wiederholung einen **authentischen Sprechanlass**.

Die SuS bearbeiten diese Aufgabe in Partnerarbeit mit Hilfe von KV 2. Sie erklären sich gegenseitig ihre Ergebnisse. Die Lehrkraft bespricht vorher mit allen Kindern mögliche Merkmale und schreibt passende Satzmuster entweder an die Tafel oder auf Satzstreifen, die den Kindern dann zur Verfügung gestellt werden.
„Der Körper hat … Ecken, Kanten, Flächen."
„Ich teile den Körper in 2 gleich große Teile. Ich erhalte … als Schnittfläche."
„Wenn ich den Körper in 2 gleich große Teile schneide, dann erhalte ich … "

Kinder auf Förderhorizont 3 und 4 können zusätzlich auch im Heft notieren. „Es entsteht ein Kreis/ein Quadrat …"
Bei einigen Körpern gibt es mehrere Schnittflächen (z. B. beim Zylinder: quer ein Kreis, längs ein Rechteck). Diese Möglichkeiten sollen die SuS selbst entdecken. Wenn nicht alle Möglichkeiten gefunden werden, kann die Lehrkraft in einer Reflexionsphase darauf hinweisen.

LÖSUNG KV 2 Kugel: Kreis; Pyramide: Dreieck, (Quadrat); Kegel: Dreieck, (Kreis); Quader: Rechteck, Quadrat; Würfel: Quadrat; Zylinder: Rechteck, Kreis

💬 Bei diesen Partnergesprächen handelt es sich um **kontextreduziertes, dialogisches Sprechen**. Die fachlichen und sprachlichen Anforderungen an die SuS sind höher als beim kontextgestützten Sprechen. Der Kontext (also der konkrete Körper) steht nicht mehr zur Verfügung, da er ja erraten werden soll. Rückfragen seitens der Mitschüler sind aber noch möglich, sodass ungenaue Formulierungen geklärt werden können.

KV 3, 4, 5 Welcher Körper ist das?
👤 und 👥👥

MATERIAL/VORBEREITUNG Heft, KV 3, 4, 5

DURCHFÜHRUNG Die SuS wiederholen die Namen der Körper, ihre Merkmale und die nach der Teilung des Körpers in zwei gleiche Teile möglichen Schnittflächen. Dazu können die SuS ihre Plakate, die Flächenmodelle und die aus Knete durchgeschnittenen Modelle zur Hilfe nehmen. Die Lehrkraft erklärt, dass mit diesem Wissen ein Quiz „Geometrische Körper" entwickelt werden soll und notiert Stichpunkte an der Tafel.

Anzahl der Ecken, Kanten, Flächen
Oberfläche/Netz: Anzahl der Flächen – die Flächen sind dreieckig, quadratisch, rechteckig – die gegenüberliegenden Flächen sind ….
Schnittflächen …

Die Lehrkraft erklärt die Aufgabe: „Wir schreiben zuerst Eigenschaften/Merkmale der geometrischen Körper auf. Dann müssen wir gegenseitig erraten: Welcher Körper ist das?"

Die SuS setzen sich in Gruppen entsprechend ihres Förderhorizonts zusammen und bearbeiten ihre KV zuerst in Einzelarbeit, damit jedes Kind die Aufgaben im eigenen Tempo erlesen und lösen kann.
Bitte beachten: Auf den KV sind keine Beispiele angegeben, da sonst die Aufgabe vorweggenommen würde. Die Lehrkraft sollte bei Bedarf eine KV exemplarisch mit den Kindern gemeinsam bearbeiten. Jedes Kind wählt dann einen Körper, bei sechs Kindern könnten alle Körper abgedeckt werden. Die Kinder können auch mehr als einen Körper beschreiben, dafür benötigen sie entsprechend mehrere KV.
Nachdem alle Kinder ihre KV bearbeitet haben, beraten sie sich in der Gruppe und formulieren im ersten Schritt mögliche Aussagen zu Merkmalen mündlich. Die Lehrkraft gibt einen Tipp: „Beschreibe zuerst Merkmale, die nicht nur auf einen Körper zutreffen. Dann ist es für die Zuhörer schwerer, den Körper zu erkennen."
Die Lehrkraft geht von Gruppe zu Gruppe und unterstützt die SuS, wobei sicherlich die Kinder auf Förderhorizont 1 und 2 mehr Hilfe benötigen. Jedes Kind formuliert dann seine Merkmale in Satzform auch schriftlich. Diese Arbeit sollte von der Lehrkraft unterstützend und korrigierend begleitet werden. Ist der Merkmal-Katalog in Ordnung, können die Kinder für das anschließende Quizspiel die Sätze auswendig lernen, was vor allem für sprachschwächere SuS eine große Hilfe ist.

Das Quiz wird in zwei Gruppen (Förderhorizont 1 und 2 und Förderhorizont 3 und 4) durchgeführt. Kinder mit dem Förderhorizont 1 raten die Körper der Kinder mit dem Förderhorizont 2 und umgekehrt. Die andere Gruppe arbeitet entsprechend, sodass jedes Kind seinen Körper vorstellen kann. Eventuell kann daraus ein Wettbewerb gemacht werden (z. B. erhält jede Gruppe pro richtig erratenem Körper einen Punkt, evtl. muss innerhalb einer vorher festgelegten Zeitspanne geantwortet werden).

💬 In einem sprachsensiblen Unterricht sollten die SuS oft **Gelegenheit zum monologischen Sprechen** erhalten. Monologisches Sprechen bedeutet, dass die SuS lernen, mündlich zusammenhängend ohne weitere Hilfsmittel auf fachsprachlichem Niveau zu berichten. Das monologische Sprechen muss gut vorbereitet werden. Es erfordert zum einen genaue Kenntnisse und Vorstellung der Sache. In dieser Unterrichtssituation müssen die SuS genaue Kenntnisse über die Eigenschaften der Körper haben. Sprachlich muss das monologische Sprechen ebenfalls gut vorbereitet werden, denn alle Informationen müssen ausschließlich durch Sprache ausgedrückt werden. Verweise auf den konkreten Kontext durch Zeigen und auch Nachfragen der Hörer entfallen. In diesem Förderbaustein ist das monologische Sprechen dadurch vorbereitet worden, dass die SuS zunächst mit Hilfe eines Plakates die Eigenschaften ihres Körpers vorstellen und somit den Gebrauch des Fachwortschatzes kontextgestützt üben. Im zweiten Schritt formulieren die SuS Merkmale ihres Körpers. Hier können Mitschüler noch Rückfragen stellen. Die dritte Vorübung zum monologischen Sprechen ist dann das Aufschreiben der Merkmale.

TIPPS FÜR DIE WEITERARBEIT

- Die Klasse kann ein Quartettspiel oder eine Lernkartei „Körperformen" anfertigen. Beim Spielen des Quartettes bieten sich für die SuS viele Gelegenheiten, die gelernten mathematischen Kenntnisse und sprachlichen Muster zu üben und zu festigen. Ein Beispiel für das Quartett: Karte 1: Schnittfläche einer Pyramide; Karte 2: Netz einer Pyramide; Karte 3: Merkmale einer Pyramide (Ecken, Kanten, Flächen); Karte 4: Abbildung eines Gegenstands in Pyramidenform. Die Quartettkarten können zusätzlich einfache Satzmuster enthalten, z. B. Mein Körper hat … . Lernkartei und Quartett können in Phasen der Freiarbeit eingesetzt werden.
- Die SuS bearbeiten den Themenschwerpunkt: Modelle von Körpern (Kantenmodell, Flächenmodell) herstellen.

Körper und Formen – Wörterliste

das/ein Dreieck, dreieckig

der/ein Kreis, rund

das/ein Rechteck, rechteckig

das/ein Quadrat, quadratisch

der/ein Kegel

die/eine Kugel

die/eine Pyramide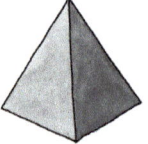

der/ein Quader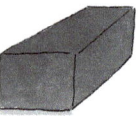

der/ein Würfel

der/ein Zylinder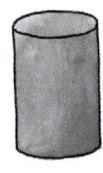

das Netz des Würfels, das Würfelnetz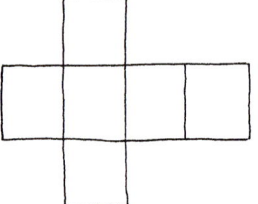

das Netz der Pyramide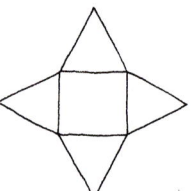

die/eine Kante
die/eine Fläche
die/eine Ecke

die/eine Schnittfläche

gegenüberliegend, liegen gegenüber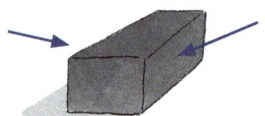

Schnittflächen

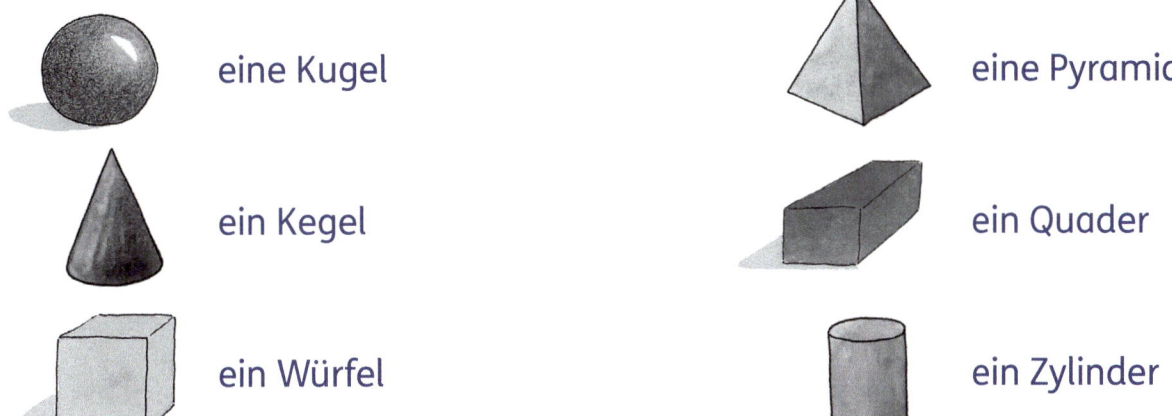

1| **Forme diese Körper aus Knete oder schneide die Formen aus einer Kartoffel.**

2| **Schneide die Körper in 2 gleiche Teile.**

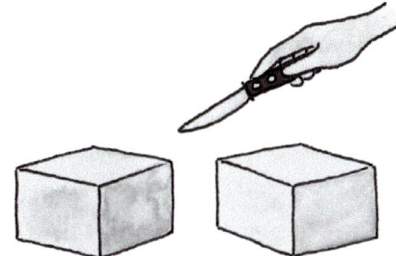

3| **Welche Schnittflächen siehst du? Verbinde.**

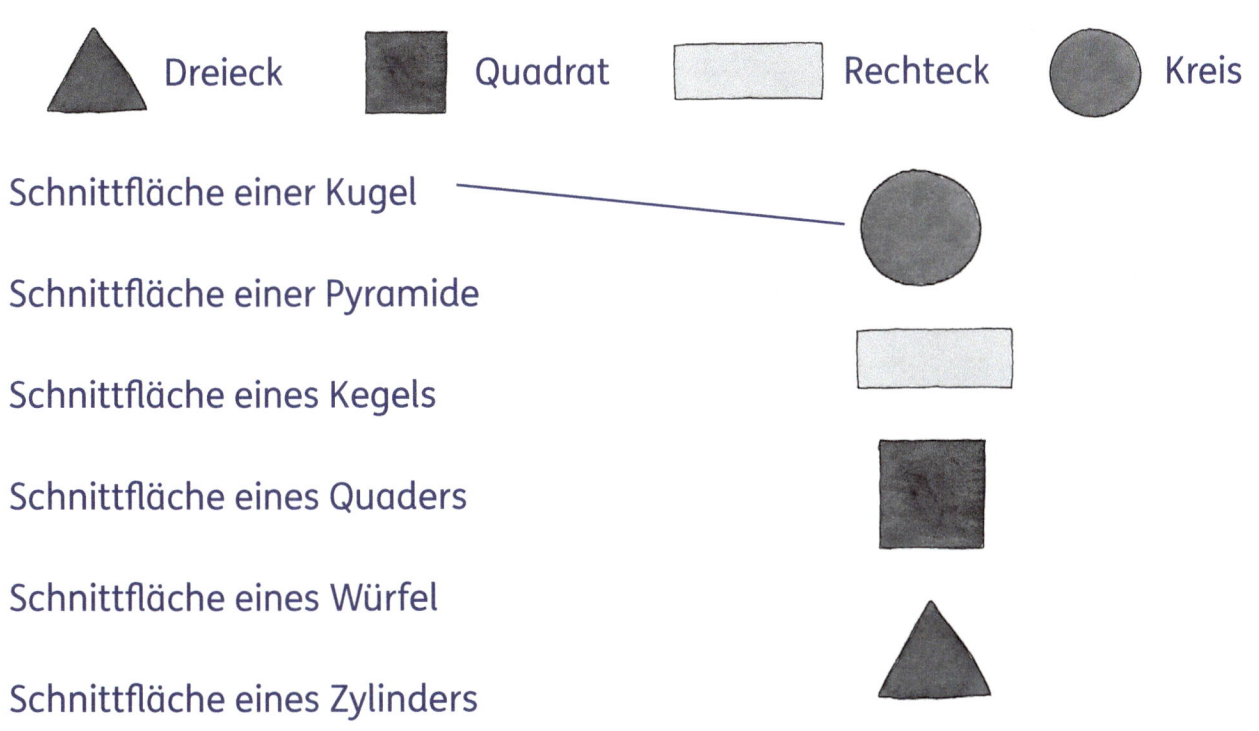

Welcher Körper ist das?

Name des Körpers   Zeichnung des Körpers

1| **Wie viele Ecken, Kanten und Flächen hat der Körper?**

Der Körper hat ☐ Ecken.

Der Körper hat ☐ Flächen.

Der Körper hat ☐ Kanten.

2| **Das Netz des Körpers besteht aus**

☐ Dreieck/Dreiecken   ☐ Quadrat/Quadraten

☐ Rechteck/Rechtecken   ☐ Kreis/Kreisen

3| **Ich teile den Körper in 2 gleich große Teile.**

Die Schnittfläche ist

☐ ein Kreis   ☐ ein Dreieck   ☐ ein Rechteck   ☐ ein Quadrat

4| **Schreibe die Merkmale in dein Heft. Die Beispiele helfen dir dabei.**

Der Körper hat … Ecken/Kanten/Flächen.
Die gegenüberliegenden Flächen sind …
Das Netz des Körpers besteht aus …
Ich teile den Körper in 2 gleich große Teile.
Ich erhalte als Schnittfläche …

Welcher Körper ist das? – Ein Quizspiel   M 3/4
Förderhorizont 3

Welcher Körper ist das?

Name des Körpers   Zeichnung des Körpers

1 | Wie viele Ecken, Kanten und Flächen hat der Körper?

Der Körper hat ☐ Ecken.   Der Körper hat ☐ Flächen.

Der Körper hat ☐ Kanten.

2 | Ich habe das Netz des Körpers aufgeklappt.
Es besteht aus diesen Formen.

▲   ▬   ●   ■

Schreibe die Antwort im ganzen Satz.

Das Netz des Körpers besteht aus _____

_____

3 | Ich teile den Körper in 2 gleich große Teile.
Welche Schnittfläche erhältst du? Streiche die Wörter durch, die nicht stimmen.
Als Schnittfläche erhalte ich einen Kreis/ein Rechteck/ein Dreieck/ein Quadrat.

4 | Schreibe die Merkmale in dein Heft. Die Beispiele helfen dir dabei.

Der Körper hat … Ecken/Kanten/Flächen.
Die gegenüberliegenden Flächen sind …
Ich habe das Netz des Körpers aufgeklappt und eine Fläche erhalten.
Das Netz des Körpers besteht aus …
Ich habe den Körper in 2 gleich große Teile geteilt. Dadurch habe ich als Schnittfläche … erhalten.

Welcher Körper ist das?

Name des Körpers	Zeichnung des Körpers

1| Wie viele Ecken, Kanten und Flächen hat der Körper?

Der Körper hat ☐ Ecken.   Der Körper hat ☐ Flächen.

Der Körper hat ☐ Kanten.

2| Aus welchen Formen besteht das Netz des Körpers?

▲ ▭ ● ■

Schreibe die Antwort als ganzen Satz.

___

3| Schreibe den richtigen Satz auf.
Wenn ich den Körper in 2 gleich große Teile teile, dann erhalte ich einen Kreis /ein Rechteck/ein Dreieck/ein Quadrat als Schnittfläche.

___

4| Schreibe die Merkmale in dein Heft. Die Beispiele helfen dir dabei.

> Der Körper hat … Ecken/Kanten/Flächen.
> Die gegenüberliegenden Seiten sind …
> Wenn ich den Körper in 2 gleich große Teile teile, dann erhalte ich … als Schnittfläche.
> Wenn ich das Netz des Körpers aufklappe, dann erkenne ich, dass das Netz des Körpers aus … besteht.

SCHAUBILDER UND DIAGRAMME
Pausengetränke an unserer Schule

Ein Schwerpunkt des Themenbereichs Schaubilder und Diagramme besteht darin, dass Daten aus der Lebenswirklichkeit in Tabellen und Diagrammen dargestellt oder umgekehrt aus Tabellen und Diagrammen Daten entnommen und interpretiert werden sollen. Damit die Ermittlung von Daten, die Darstellung und die Interpretation der Diagramme gelingt, muss dieser Themenbereich sprachlich und methodisch sorgfältig vorbereitet werden. Methodisch ist zu beachten, dass die Übertragung von einer Darstellungsform (Tabelle, Strichliste, Diagramm) in die andere nur gelingt, wenn der Maßstab geklärt bzw. verstanden ist. Dies wird in diesem Förderbaustein durch den Bau von Säulen mit Holzwürfeln und die Zuordnung Holzwürfel – Papierquadrat realisiert.

Zur sprachlichen Vorbereitung gehört, den relevanten Wortschatz gründlich zu erarbeiten. Die spezifischen Begriffe, die ein Diagramm kennzeichnen (Maßstabslinie, Grundlinie, Skala, Säulen), werden anschaulich eingeführt, beispielsweise durch eine beschriftete Skizze an der Tafel, und anhand eines Wortspeichers (→ S.16) festgehalten. Die abstrakten Fachbegriffe und die notwendigen Redemittel zum Thema Diagramm werden durch handlungsbegleitendes Sprechen gefestigt. Wenn z. B. gleichzeitig auf eine Abbildung eines Diagramms gezeigt und parallel dazu gesprochen wird, lernen die Kinder die Bedeutung der abstrakten Begriffe und üben die wichtigen Redemittel im Kontext.

Um ein Diagramm zu interpretieren, müssen Daten verglichen werden. Dazu brauchen die SuS vor allem die Adjektive „viel" und „weniger" mit ihren Steigerungsformen. Die Steigerungsformen sind generell aus der 1. und 2. Klasse bekannt, sollten aber hier anfangs wiederholt werden. Satzstrukturen mit Steigerungsformen werden bei diesem Thema mündlich und schriftlich im Kontext angeboten und geübt. Auch hier ist es hilfreich, wenn parallel zum Sprechen auf entsprechende Diagramme gezeigt wird.

Die Verneinung des unbestimmten Artikels „ein" wird in der deutschen Sprache durch das Wort „kein" realisiert. Das Negationswort „kein" fällt Kindern mit anderer Herkunftssprache erfahrungsgemäß schwer und muss somit besonders geübt werden. Auf den KV werden den SuS Satzstrukturen mit „kein/keine" in vielen Beispielen angeboten.

Überblick über die Förderangebote

GESAMTE LERNGRUPPE

- Fachwortschatz zum Themenbereich Diagramme erarbeiten
- Daten vergleichen, erläutern und interpretieren, Ergebnisse einer Umfrage präsentieren

 KV 1 Wir machen eine Umfrage   **KV 2** Pausengetränke an unserer Schule

FÖRDERHORIZONT 1

- Daten des Diagramms bewerten: einfache Aussagesätze mit der Vergleichsstufe (mehr/weniger) verstehen und bilden
- Satzmuster mit Negationswort „kein" verstehen

 KV 3 Welche Getränke trinken…?

FÖRDERHORIZONT 2

- Daten des Diagramms bewerten: Sätze im Perfekt bilden und festigen
- Vergleichsstufe: „mehr/ weniger als …"
- Satzmuster mit Negationswort „kein" verstehen

 KV 4 Welche Getränke haben …?

FÖRDERHORIZONT 3

- Daten des Diagramms bewerten: Satzreihen bilden (dann/danach, an zweiter… Stelle)
- Vergleichsstufe: mehr/weniger als …

 KV 5 Welche Getränke trinken …?

FÖRDERHORIZONT 4

- Daten des Diagramms bewerten: Konsekutivsätze (dass)
- Kausalsätze (weil)
- Vergleichsstufe: mehr/weniger als …

 KV 6 Welche Getränke trinken …?

Wortschatz

NOMEN das Schaubild, das Diagramm, das Säulendiagramm, (das Balkendiagramm), die Skala, die Säule, (der Balken), die Grundlinie, die Maßstabslinie, die Strichliste, die Daten, die Datensammlung, die Darstellung, die Darstellungsform, die Umfrage, der Vergleich, die Ergebnisse, die Information, die Auswertung, der Verbrauch, das (Lieblings)Getränk, die Milch, der Kakao, die Limonade, das Mineralwasser, die Apfelschorle …

VERBEN (Daten) erheben, schätzen, ablesen, lese … ab, darstellen, stelle … dar, erstellen, beschriften, deuten, interpretieren, auswerten, vergleichen, übertragen, (Informationen) entnehmen, vermuten, schätzen …

ADJEKTIVE übersichtlich, unübersichtlich, beliebt, wahrscheinlich, überraschend …

SONSTIGE ungefähr, mehr als, weniger als, höher als, gleich viele, am meisten, die meisten, am wenigsten, die wenigsten, kein, keine, andere …

PHRASEN Ich mache eine Umfrage., Ich erhebe Daten., Ich stelle die Daten als … dar., Es sind mehr/weniger … als, Am meisten/am wenigsten …, An zweiter/dritter Stelle kommt …, liegt an zweiter/dritter Stelle, Ich interpretiere die Daten., Ein Ergebnis der Umfrage ist, dass …, Das Diagramm zeigt, dass …, Das Diagramm informiert über …, Die Daten stammen aus der Umfrage von …, Es fällt auf, dass …, Überraschend ist, dass …, Ich vermute, dass …

INTERFERENZEN
die Säule → die Säule eines Gebäudes
übertragen → eine Krankheit übertragen, sich anstecken
entnehmen → rausholen
erheben → aufstehen, rebellieren

ANGEBOT FÜR DIE GESAMTE LERNGRUPPE

Fachwortschatz erarbeiten

Zu Beginn des Themas zeigt die Lehrkraft ein beliebiges Säulendiagramm an der Tafel oder auf einem großen Plakat und bittet die SuS, diese Darstellung zu beschreiben und zu erzählen, ob sie ähnliche Darstellungen schon einmal gesehen haben. Durch diesen Einstieg wird das Vorwissen der SuS gesammelt und kann durch die Lehrkraft strukturiert werden. Die Lehrkraft erarbeitet nun Stück für Stück anhand der Skizze einen Wortspeicher und erläutert dabei die Fachbegriffe. Der Wortspeicher (s. auch S. 16) steht den SuS während der gesamten Bearbeitung des Themas zur Verfügung.
Sollten zu einem späteren Zeitpunkt Daten in Form von Balkendiagrammen dargestellt werden, kann die Erarbeitung des relevanten Wortschatzes dazu analog erfolgen. Dabei muss beachtet werden, dass beim Balkendiagramm die Grund- und Maßstabslinien anders ausgerichtet sind.

💬 **Wortspeicher** unterstützen das sprachliche und fachliche Lernen. Dabei werden im Vorfeld wichtige Begriffe und Satzmuster gemeinsam erarbeitet, ergänzt und visualisiert. Bei Unsicherheiten können die SuS dann immer wieder auf das Vokabular und diese Satzstrukturen zurückgreifen oder erkennen ähnliche Strukturen leichter. Das schafft **Sicherheit und Entlastung** und mehr Raum für die Auseinandersetzung mit den mathematischen Lernzielen. Die sprachlichen Strukturen schleifen sich parallel zum mathematischen Lernen „nebenbei" implizit ein.

Beispiel für eine Tafelskizze:

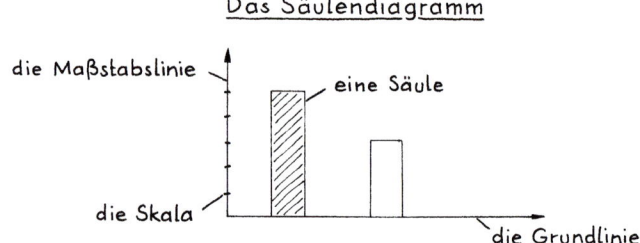

💬 Die Bedeutung anderer wichtiger Begriffe wie „Daten, Datensammlung, Darstellung, Darstellungsform, Umfrage, Vergleich, Information, Auswertung, Daten übertragen, Daten erheben, Auswertung (auswerten), Interpretation (interpretieren)" muss ebenfalls **im Kontext erarbeitet** und anhand konkreter Beispiele geklärt werden. Ein Beispiel: Die Bedeutung des Begriffes „Daten" wird durch **Expansion** erklärt. Die Lehrkraft präsentiert eine Tabelle und/oder ein Diagramm und bittet die SuS Zahlen zu nennen, z. B. „Wie viele Kinder haben in den verschiedenen Klassen Kakao getrunken?" Nachdem die Zahlen genannt wurden, erklärt die Lehrkraft: „Durch die Zahlen haben wir Informationen zum Kakaoverbrauch, also wie viele Kinder Kakao kaufen und trinken. Diese Informationen, gemeint sind alle Zahlen zusammen, nennen wir auch Daten."
Eine Interferenz kann so erklärt werden: „Ihr habt die anderen Kinder befragt und die Zahlen, die Daten aufgeschrieben. Wir sagen in der Fachsprache: Ihr habt die Daten erhoben. Das Wort „erhoben" kommt von dem Wort „erheben". In der Sprache der Mathematik hat das Wort „erheben" nichts mit „aufstehen" zu tun. Daten erheben bedeutet Zahlen, Daten durch Fragen herausfinden."

KV1 Pausengetränke an unserer Schule – Wir machen eine Umfrage

MATERIAL/VORBEREITUNG KV1 für jede Gruppe (1 KV pro befragter Klasse), vorbereitete Satzkarten, z. B. Karteikarten

DURCHFÜHRUNG Die Klasse trifft sich im Stuhlkreis und die Lehrkraft erläutert das Vorhaben: Unsere Klasse wird eine Umfrage in der Schule starten, um genau zu wissen, welche Pausengetränke getrunken werden, welche besonders beliebt und welche nicht so beliebt sind. Die Lehrkraft klärt mit Hilfe von KV1 die Namen der Getränke und stellt somit sicher, dass der Wortschatz bekannt ist. Sie bespricht die Bedeutung der Zeile „Sonstiges". Die SuS nennen Beispiele, welche Getränke darunter fallen könnten. Auch die Spalte „kein Getränk" muss verstanden werden. Bei Bedarf sollte die Liste individuell an die Gegebenheiten der Schule angepasst werden. Wenn kein Pausenverkauf stattfindet, können Daten über die mitgebrachten Getränke der Kinder erhoben werden.

Im ersten Schritt bittet nun die Lehrkraft die SuS, Vermutungen zum Getränkeverbrauch anzustellen. Die Lehrkraft sammelt die Äußerungen der Kinder und greift gegebenenfalls korrigierend ein.

Beispiele:

Kind: „Vielleicht mehr Mineralwasser als Milch."
Lehrkraft: „Ja, du denkst: Viele Kinder trinken Mineralwasser und wenig Kinder trinken Milch? Also, mehr Kinder trinken Mineralwasser als Milch."

Kind: „Ich denke, Kakao 5 Kinder trinken."
Lehrkraft: „Du denkst, dass 5 Kinder Kakao trinken."

> Mündliche Äußerungen geben wichtigen Aufschluss über den momentanen Sprachstand der Kinder. Fehlerhafte Äußerungen sollen von der Lehrkraft behutsam korrigiert werden, ohne das Kind einzuschüchtern. Dazu eignen sich **verschiedene Modellierungstechniken**: Die Äußerung wird expandiert (erweitert), modelliert oder aber beiläufig richtig wiederholt. Dabei ist es wichtig, dass die Formulierung der Korrektur dem Förderhorizont des Kindes angepasst ist.

Die Vermutungen werden von der Lehrkraft zusammengefasst und als Strichliste an die Tafel geschrieben. Dabei wird die Fünferbündelung wiederholt. Die SuS sollen für jedes Getränk einen Strich machen. Trinkt ein Kind also 2 Kakao, werden auch 2 Striche notiert. Die SuS werden in 4 Gruppen aufgeteilt.

1. Gruppe: Kinder auf Förderhorizont 1 befragen die 1. Klassen.
2. Gruppe: Kinder auf Förderhorizont 2 befragen die 2. Klassen.
3. Gruppe: Kinder auf Förderhorizont 3 befragen die 3. Klassen.
4. Gruppe: Kinder auf Förderhorizont 4 befragen die 4. Klassen.

Dann übt die Lehrkraft mit den einzelnen Gruppen die Fragen und Satzmuster, die zur Durchführung der Befragung benötigt werden. Die Fragen werden mehrmals wiederholt, eventuell auch als Rollenspiel. Ein Rollenspiel ist sicher für sprachschwächere Kinder von Vorteil, um ihnen größere Sicherheit zu geben. Die Kinder, vor allem auf Förderhorizont 1 und 2, erhalten die Fragen auch auf einem Blatt (KV1), das sie zur sprachlichen Orientierung mitnehmen können. Alle Kinder der Gruppe sollten einmal die Fragen vorgelesen haben.

Förderhorizont 1 und 2

Hallo, wir machen eine Umfrage.
Unser Thema ist: Pausengetränke in unserer Schule
Wir haben einige Fragen.
Bitte meldet euch!
Wer trinkt Kakao, Milch …?
Wer trinkt gar nichts, also kein Getränk?
Wir schreiben alles auf.
Wir machen ein Plakat. Wir hängen das Plakat im Eingang auf. Ihr könnt alle Informationen lesen.
Vielen Dank für eure Hilfe.

Förderhorizont 3 und 4

Hallo, wir machen eine Umfrage.
Wir möchten wissen, welche Pausengetränke an unserer Schule getrunken werden.
Bitte meldet euch.
Wer trinkt in der Pause Kakao/Milch …?
Wer von euch trinkt gar kein Getränk?
Wir werden die Daten auswerten und veröffentlichen.
Bald findet ihr die Informationen auf einem Plakat im Foyer (an die räumliche Situation der Schule anpassen).
Vielen Dank für eure Hilfe.

Im letzten Schritt bespricht die Lehrkraft mit allen Gruppen die genaue Durchführung der Befragung. Sie erläutert, dass es günstig ist, sich die Arbeit beim Interview zu teilen. Die Lehrkraft bittet die SuS sich zu einigen: Wer stellt die Fragen? Wer zählt die Kinder, die sich gemeldet haben? Wer schreibt die Ergebnisse auf? Dadurch wird sichergestellt, dass jedes Kind eine Aufgabe übernimmt. Nun können die SuS ihre Umfrage beginnen.

Organisatorische Hinweise:
Die Lehrkraft sollte die Kolleg/innen der befragten Klassen bitten, bei der Befragung vor Ort unterstützend einzugreifen. Die Kinder auf Förderhorizont 1 sollte sie auf jeden Fall begleiten. Wenn es schulorganisatorisch möglich ist, werden die anderen Gruppen auch von der Lehrkraft oder einer anderen Lehrperson begleitet. Je nach Schul- und Klassengröße können eine oder mehrere Klassen einer Jahrgangsstufe befragt werden, dazu wird KV1 entsprechend oft kopiert.

Nachdem die SuS ihre Umfrage beendet haben, treffen sie sich erneut im Stuhlkreis, um die Ergebnisse der Umfrage zu besprechen. Dazu heftet die Lehrkraft die KV von jeder befragten Klasse an die Tafel und erklärt den SuS, dass die Daten der Umfrage jetzt ausgewertet werden.

> Beim Vergleichen von Daten werden die Wörter „viel" und „wenig" benötigt. Diese Wörter werden in der Vergleichsstufe und in der Höchststufe nicht flektiert und stehen in der Vergleichsstufe immer und in der Höchststufe normalerweise nicht nach Artikelwörtern. „Es trinken mehr Kinder Kakao als Milch." – Das Wort „mehr" wird nicht flektiert und vor dem Wort „Kinder" steht kein Artikel. Wichtig ist, dass die **Lehrkraft als Sprachvorbild** das korrekte Satzmuster betont vorspricht, oft wiederholt und darauf achtet, dass die SuS die Satzstrukturen richtig gebrauchen. Lehrkraft und SuS sollten **langsam und deutlich sprechen**.

Beispiele für einfache Fragen und Impulse (Förderhorizont 1 und 2):
„Wie viele Kinder in der Klasse 1a, 1b, 2a … trinken Kakao, Milch etc.?"
„Welches Getränk trinken in der Klasse 1a, 1b, 2a … die meisten/die wenigsten Kinder?"
„Welches Getränk haben in der Klasse 1a, 1b, 2a … die meisten/die wenigsten Kinder getrunken?"
„Welches Getränk hat kein Kind in der Klasse 1a, 1b, 2a … getrunken?"

Beispiele für anspruchsvollere Fragen und Impulse (Förderhorizont 3 und 4):
„Wenn ihr den Kakaoverbrauch in der Klasse 1a mit dem in der Klasse 1b vergleicht, was stellt ihr dann fest?"
„Welches Getränk liegt an zweiter/dritter Stelle? Welchen Grund kann es dafür geben?"
„Habt ihr eine Idee, warum der Getränkeverbrauch in den Klassen … so unterschiedlich ist? Was vermutet ihr?"
„Wahrscheinlich schmeckt die Milch nicht./Ich vermute, dass … (der Kakao nicht schmeckt.)"
„Welches Ergebnis hat euch überrascht? Warum?"

KV 2 Wir zeichnen ein Säulendiagramm

MATERIAL/VORBEREITUNG Holzwürfel (ca. 60), möglichst 1 cm^3, Papierquadrate (ca. 30 pro Kind), 1 cm^2, Lineal, Buntstifte, Plakatpapier, KV 2

DURCHFÜHRUNG Die SuS sitzen in Gruppen entsprechend ihres Förderhorizonts zusammen. Die Lehrkraft erläutert den SuS, dass es verschiedene Möglichkeiten gibt, Daten aufzuschreiben. Eine Möglichkeit sind Strichlisten, eine andere sind Diagramme. Die Lehrkraft heftet das Wortspeicherplakat an die Tafel und wiederholt nochmals die Fachbegriffe zum Thema Diagramme.

Nun werden die Daten der Umfrage in Form eines Säulendiagramms dargestellt. Die Gruppen bauen – ausgehend von den Ergebnissen ihrer Umfrage – in einem ersten Schritt Säulen aus Holzwürfeln, pro Getränk (oder auch keinem Getränk) wird ein Holzwürfel verwendet. Es muss also auch für die Anzahl der SuS, die kein Getränk gewählt haben, eine Säule gebaut werden. Insgesamt entstehen so 7 Säulen (7 Getränkeabfragen auf KV1).
Die Lehrkraft demonstriert das Bauen der Würfeltürme. Dabei erklärt sie handlungsbegleitend die wichtigen Punkte, z. B.:
„9 Kinder haben Kakao getrunken. Ich baue dafür eine Säule aus 9 Würfeln.
4 Kinder haben kein Getränk getrunken. Wie viele Würfel brauche ich für diese Säule?"

Die verschiedenen Säulen werden auf ein Blatt Papier gestellt. Das Blatt wird beschriftet (Klasse, Getränkeart). Diese räumliche Darstellung der Ergebnisse sollte in der Klasse ausgestellt werden. Erfahrungsgemäß verteilen sich die Getränkegewohnheiten relativ ausgewogen, sodass die Türme ohne Probleme gestapelt werden können. Ansonsten können auch Steckwürfel oder Legosteine verwendet werden.

Im zweiten Schritt fragt die Lehrkraft die SuS, was zu beachten ist, wenn diese Holzsäulen nun auf ein Blatt Papier gezeichnet werden sollen. In diesem Zusammenhang erläutert die Lehrkraft den Begriff „Skala". Sie erklärt, dass für jeden Holzwürfel, also für jedes Getränk, ein Quadratzentimeter der Säule gezeichnet werden soll.

Lehrkraft: „Wir wollen unsere Ergebnisse auf ein Blatt Papier/ins Heft zeichnen. Wir müssen aber nicht die ganzen Holzsäulen abzeichnen. Wir zeichnen für jeden Holzwürfel (Legostein) einen Quadratzentimeter/4 Kästchen. Wir brauchen dann viel weniger Platz. Diese Einteilung heißt Skala."

SuS, die Schwierigkeiten bei der korrekten Darstellung haben, können die Säulen auch zunächst mit Papierquadraten kleben.

> Der **Fachwortschatz muss im Vorfeld gründlich erarbeitet werden** und stellt nicht nur für Kinder auf den Förderhorizonten 1 und 2 eine Hürde dar. Selbst für Kinder mit der Muttersprache Deutsch ist dies von großer Bedeutung, da der Fachwortschatz in der alltäglichen Kommunikation wenig oder gar nicht gebraucht wird – z. B. das Wort „Skala" – oder die Begriffe haben eine andere Bedeutung – z. B. das Wort „Einheit", das die Kinder aus der Alltagssprache als „Zusammengehörigkeit" kennen.

Anschließend bearbeiten die SuS KV 2 in Partnerarbeit und stellen die Umfrageergebnisse einer befragten Klasse anhand eines Säulendiagramms dar. Die Lehrkraft greift unterstützend ein, wo Kinder Probleme haben.

ANGEBOTE FÜR FÖRDERHORIZONT 1–4

 KV 3, 4, 5, 6 Wir interpretieren die Ergebnisse

Nachdem die SuS auf KV 2 die Ergebnisse der Umfrage als Säulendiagramm dargestellt haben, geht es nun darum, die Ergebnisse zu interpretieren. Die Lehrkraft bittet die Kinder, jeweils einen Satz zu ihrem Säulendiagramm zu sagen. Sie unterstützt die SuS bei den Formulierungen und gibt dabei gezielt die Satzmuster der KV 3 bis 6 vor: „Was hast du herausgefunden? Welches Getränk trinken die meisten Kinder? Die meisten Kinder trinken …/Mehr Kinder trinken …/Kein Kind trinkt …/Milch etc. liegt an zweiter/dritter Stelle …" etc. Danach bearbeiten die SuS die entsprechenden KV 3 bis 6 selbstständig in Einzelarbeit, um die Satzmuster zu wiederholen und zu festigen. Die Lehrkraft gibt individuelle Hilfestellungen.

Der letzte Schritt besteht darin, einen Gesamtüberblick über den Getränkeverbrauch zu bekommen und die Präsentation für die Schule vorzubereiten. Dazu werden neue Gruppen mit 4 Kindern gebildet, möglichst jeweils ein Kind aus jedem Förderhorizont.
Die Lehrkraft bespricht mit den Kindern, dass jedes Kind die anderen Gruppenmitglieder über folgende Punkte informieren muss:
- Wie viele Kinder haben Kakao, Milch … getrunken?
- Welches Getränk trinken/haben die meisten/wenigsten Kinder getrunken?
- Welches Getränk liegt an zweiter/dritter Stelle?
- Wie viele Kinder haben kein Pausengetränk getrunken?

Die Kinder erklären und interpretieren jetzt ihre Umfrageergebnisse. Die Formulierungen auf den Arbeitsblättern und die aus Holzwürfel gebauten Säulen stützen ihre Erklärungen. Die Lehrkraft betreut die Arbeitsgruppen.

> Der Austausch in der Kleingruppe stellt einen **authentischen Sprechanlass** dar. Die Sprachhandlungen der SuS werden durch die Darstellung mit den Holzwürfeln und die vorher auf der KV beantworteten Fragen gestützt. Dieses zunächst noch **kontextgestützte Sprechen** bereitet die Präsentation der Umfrageergebnisse vor.

Kinder auf den Förderhorizonten 1 und 2 orientieren sich an den vorformulierten Satzmustern. Sprachkompetentere Kinder trainieren, sich verständlich zu äußern und sprachärmeren Kindern Formulierungshilfen anzubieten.

Wir präsentieren die Ergebnisse

Die Kleingruppen fertigen ein Säulendiagramm als Gesamtdarstellung der Pausengetränke auf einem großen Bogen mit Kästchenpapier. Dazu erhält jede Kleingruppe die Aufgabe, ein Getränk darzustellen. Die 1. Gruppe stellt den Kakaoverbrauch dar, die 2. Gruppe den Milchverbrauch usw.
Je nach Kenntnisstand zeichnen die Gruppen die Maßstabslinie und die Grundlinie selbstständig oder aber die Lehrkraft hat diese Aufgabe vorher übernommen. Wenn die SuS die Linien selbstständig zeichnen, muss vorher die Maßeinheit besprochen und festgelegt werden. Die Diagramme mit den Umfrageergebnissen aus den einzelnen Klassen können natürlich ebenso präsentiert werden.
Am Ende können die Diagramme anderen Klassen erläutert und an verschiedenen Stellen im Schulgebäude/im Foyer präsentiert werden.

TIPPS FÜR DIE WEITERARBEIT
- In der Klasse können Vor- und Nachteil der unterschiedlichen Darstellungsformen (Strichliste, Säulendiagramm) diskutiert werden. Die Lehrkraft strukturiert die Diskussion durch folgende Impulse: Übersichtlichkeit der Darstellung, schnelles Ablesen, einfacheres Notieren während der Befragung.
- Wenn dieses Thema fächerverbindend angelegt wird, kann der Getränkeverbrauch auch unter dem Aspekt der gesunden Ernährung diskutiert werden.

1 Pausengetränke an unserer Schule   M 3/4
Gesamte Lerngruppe

Wir machen eine Umfrage

**Welche Pausengetränke trinken die Kinder an unserer Schule?
Tragt die Namen der Klassen und die Schülerzahl ein.
Befragt die Kinder. Notiert die Ergebnisse als Strichliste.**

Getränkeverbrauch in der Woche vom _____ bis zum _____.

Getränk	Klasse : Schülerzahl:
Kakao	
Milch	
Apfelschorle	
Mineralwasser	
Limonade	
Sonstiges	
kein Getränk	

— — — — — — — nach hinten knicken — — — — — — —

Fragen und Satzmuster für die Umfrage:

Hallo, wir machen eine Umfrage.
Unser Thema ist: Pausengetränke in unserer Schule
Wir haben einige Fragen.
Bitte meldet euch!
Wer trinkt Kakao, Milch …?

Wer trinkt gar nichts, also kein Getränk?
Wir schreiben alles auf.
Wir machen ein Plakat. Wir hängen das
   Plakat im Eingang auf.
   Ihr könnt alle Informationen lesen.
Vielen Dank für eure Hilfe.

Wir zeichnen ein Säulendiagramm

Übertrage die Daten deiner Umfrage. Zeichne ein Säulendiagramm.

die Maßstabslinie
eine Säule
die Skala
die Grundlinie

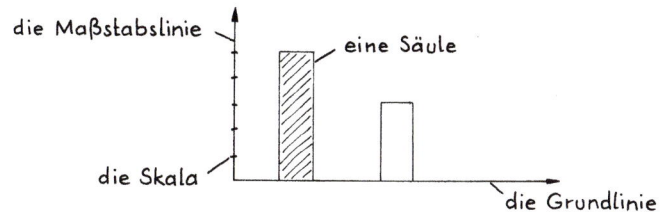

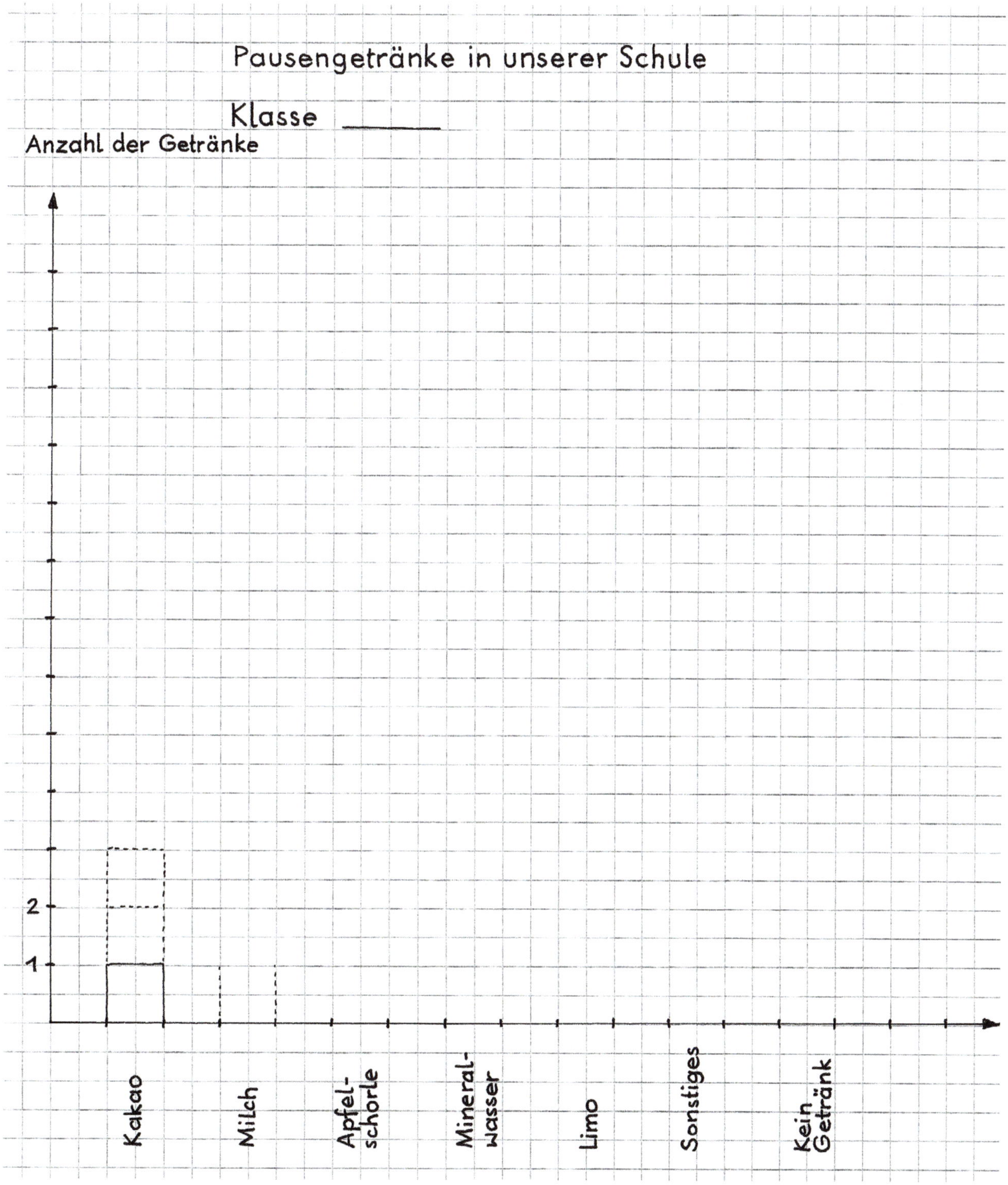

Pausengetränke in unserer Schule
Klasse ______
Anzahl der Getränke
2
1
Kakao
Milch
Apfel-schorle
Mineral-wasser
Limo
Sonstiges
Kein Getränk

Welche Getränke trinken die Kinder in Klasse _____ ?

1| Schau deine Daten genau an! Was siehst du?
Kreuze die richtigen Antworten an:

	stimmt	stimmt nicht
Die meisten Kinder trinken Kakao.	☐	☐
Die wenigsten Kinder trinken Kakao.	☐	☐
Mehr Kinder trinken Kakao als Milch.	☐	☐
Mehr Kinder trinken Kakao als Apfelschorle.	☐	☐
Mehr Kinder trinken Kakao als Mineralwasser.	☐	☐
Mehr Kinder trinken Kakao als Limonade.	☐	☐
Kakao ist das Lieblingsgetränk der meisten Kinder.	☐	☐
Kein Kind trinkt Kakao.	☐	☐

2| Was weißt du noch?
Schreibe Sätze in dein Heft. Diese Beispiele helfen dir:

Die meisten Kinder trinken ...
Die wenigsten Kinder trinken ...
Kein Kind trinkt ...
Mehr Kinder trinken ...
Alle Kinder trinken ...

Pausengetränke an unserer Schule M 3/4
Förderhorizont 2
4

Welche Getränke haben die Kinder in Klasse _____ getrunken?

1| Schau deine Daten genau an!
Welche Informationen kannst du aus den Daten entnehmen?
Verbinde die richtigen Satzteile und schreibe die Sätze in dein Heft.

Kakao

Milch

Die meisten Kinder haben

Die wenigsten Kinder haben

Apfelschorle

Kein Kind hat   getrunken.

Mineralwasser

Limonade

Mehr Kinder haben

Weniger Kinder haben   andere Getränke   als ... getrunken.

2| Schreibe so in dein Heft:

Die meisten Kinder haben Kakao getrunken.
Mehr Kinder haben Kakao als Milch getrunken.
...

5 Pausengetränke an unserer Schule M 3/4
Förderhorizont 3

Welche Getränke trinken die Kinder in Klasse _____ ?

Schau deine Daten genau an!
Das Diagramm enthält Informationen zu diesen Fragen:

Welches Getränk wurde am meisten/am wenigsten getrunken?
Welches Getränk liegt an zweiter/dritter ... Stelle?
Haben alle Kinder ein Getränk getrunken?
Schreibe diese Informationen auf!

Das Diagramm zeigt:

Die meisten Kinder haben Milch getrunken.

_____

_____

_____

_____

_____

Diese Satzmuster helfen dir:

Die meisten/wenigsten Kinder haben ... getrunken.
An zweiter Stelle kommt ...
Danach kommt an dritter/vierter Stelle ...
Überraschend haben alle Kinder ... getrunken.
In Klasse 3 wurde kein Kakao/keine Milch ... getrunken.
Wahrscheinlich ist ... das Lieblingsgetränk.
Kein Kind hat ...

Welche Getränke trinken die Kinder in Klasse _____ ?

Schau deine Daten genau an!
Welche Informationen kannst du aus den Daten entnehmen?
Schreibe diese Informationen auf!

So kannst du deine Sätze beginnen:

Das Diagramm zeigt, dass …
Aus dem Diagramm kann ich entnehmen, dass …
Mir fällt auf, dass …
Überraschend ist, dass …
Kakao ist nicht so beliebt, weil …
Dafür ist Milch besonders beliebt, weil …

Das Diagramm zeigt, dass nur wenige Kinder Limonade getrunken haben. Aber viele Kinder …

Themenindex: Sprachförderung

Diese Übersicht ermöglicht Ihnen eine zusätzliche Zugriffsmöglichkeit auf den Inhalt dieses Bandes. Der Themenindex erlaubt Ihnen, gezielt Anregungen und Fördermaterialien zu sprachförderlichen Schwerpunktthemen zu finden.
Wenn mit der Seitenzahl ergänzend der Fach- und Klassenstufenhinweis genannt wird, handelt es sich um einen Verweis auf komplette Fördersequenzen. Einzelne Seitenzahlen verweisen auf generelle sprachförderliche Informationen.

Alltagssprache	9 | 51 | 64 M 1/2 | 98
Arbeitsanweisungen verstehen	13 | 34 | 81 M 3/4 | 111
(Aufgaben)Texte erschließen	13 | 52 | 101
authentische Sprechanlässe	16 | 62 | 66 | 73 M 1/2 | 120 | 131
Bedeutungsinterferenzen klären	14 | 89 | 97 M 3/4 | 107 ff | 117 M 3/4
Bedeutungsverschiebungen verstehen	89 | 97 | 109
Begründungen formulieren	17 | 40 M 1/2 | 48 M 1/2 | 81 M 3/4 | 84 | 105
Bildungssprache	9 | 48 M 1/2 | 53 | 89 M 3/4 | 99 | 106 M 3/4 | 117 M 3/4
Fachsprache/Symbolsprache	9 | 48 M 1/2 | 64 M 1/2 | 89 M 3/4 | 101 | 108 | 117 M 3/4 | 127 M 3/4
handlungsbegleitendes Sprechen	13 | 42 f | 66 | 92 | 109 | 117 M 3/4 | 127 M 3/4
Einbezug der Herkunftssprachen	34 | 61 f | 82
Lernen im Kontext	16 | 32 | 48 M 1/2 | 64 M 1/2 | 97 | 100 | 108 | 128
Lieder, Verse, Reime	59 M 1/2
Merksätze formulieren	100 | 119
Modelle vorgeben	67 f | 42 | 92 | 129 ff | 129
monologisches Sprechen üben	92 | 117 M 3/4

satzübergreifende Äußerungen/ Verkettung	12 | 28 | 52 | 81
Schlüsselwörter identifizieren	16 | 48 M 1/2 | 120
Schlussfolgerungen formulieren	14 | 40 M 1/2 | 58 | 72 | 111
sprachliche Expansion	42 | 73 | 83 | 99 | 106 M 3/4 | 118 f | 128
Vergleiche formulieren	64 M 1/2 | 127 M 3/4
Vermutungen formulieren	40 M 1/2 | 106 f | 129
Vorwissen aktivieren	16 | 33 | 48 M 1/2 | 81 M 3/4 | 97 M 3/4 | 107
Wiederholung	26 | 28 | 60 | 64 | 66 | 81
Wortschatz erweitern	10 | 25 f | 33 | 43 | 59 M 1/2 | 75
Wortspeicher	16 | 50 | 82 f | 107 f | 118 | 128
Umgang mit Fehlern	15 | 129
Zahlen lesen und schreiben	15 | 59 M 1/2 | 81 M 3/4

ÜBER DIE AUTORIN

Ingrid Weis, Lehrerin im Primar- und Sekundarbereich, hat viele Jahre in mehrsprachigen Lerngruppen unterrichtet. Sie hat Konzepte des sprachsensiblen Unterrichts entwickelt und erprobt. Sie ist in der Lehrerfortbildung, als Beraterin und Gutachterin für Schulbuchverlage tätig und hat bereits in mehreren Veröffentlichungen erprobte Unterrichtskonzepte vorgestellt. Seit 2010 arbeitet sie als Lehrbeauftragte der Universität Duisburg-Essen im Projekt ProDaZ, seit 2013 arbeitet sie in dem Projekt ProDaZ als abgeordnete Lehrerin.

LITERATUR

Apeltauer, Ernst (2008): Wortschatzentwicklung und Wortschatzarbeit. In: Ahrenholz, Bernt; Oomen-Welke, Ingelore (Hrsg.): Deutschunterricht in Theorie und Praxis, Bd. 9. Schneider Verlag, Hohengehren.

Grießhaber, Wilhelm; Heilmann, Beatrix (2012): Diagnose & Förderung – leicht gemacht. Klett Verlag, Stuttgart.

Prediger, Susanne (2011): Mathematiklernen unter Bedingungen der Mehrsprachigkeit. Waxmann, Münster.

Radatz, Hendrik; Schipper, Wilhelm; Dröge, Rotraut; Ebeling, Astrid (2004): Handbuch für den Mathematikunterricht; Bd. 1–4. Schroedel Verlag, Hannover.

Verboom, Lilo (2008): Mit dem Rhombus nach Rom: Aufbau einer fachgebundenen Sprache im Mathematikunterricht der Grundschule. In: Bainski, Christiane; Krüger-Potratz, Marianne (Hrsg.): Handbuch Sprachförderung. Neue Deutsche Schule Verlagssgesellschaft, Essen.

Grundschule Mathematik, Nr. 24. 1/2010: Sachtexte. Friedrich Verlag, Seelze.

Praxis Deutsch, Nr. 233. 5/2012: Bildungssprache. Friedrich Verlag, Seelze.

Diagnostik & Förderung – leicht gemacht
Deutsch als Zweitsprache in der Grundschule: Ein Praxishandbuch.

von Beatrix Heilmann

Diagnostik & Förderung – leicht gemacht präsentiert mit der Profilanalyse ein einfaches und erprobtes Diagnostik-Verfahren für mehrsprachige Grundschulklassen und gibt Ihnen die Sicherheit, den individuellen Lernstand Ihrer Schüler im Unterrichtsalltag zu erfassen.

Im ersten Teil vermittelt der Titel Grundschul-Lehrkräften aller Hauptfächer (Deutsch, Mathematik, Sachunterricht) diese praxistaugliche, erprobte und zuverlässige Methode zur Diagnostik des Spracherwerbsstandes (und -fortschrittes) der Schüler.

Vorgestellt wird das Prinzip und die Anwendung des Diagnostik-Verfahrens (mit ausführlichem Zusatzmaterial auf DVD) – inkl. Übungssequenzen zum Ausprobieren.

Im zweiten Teil werden differenzierte Fördermaßnahmen aufgezeigt und anschauliche Beispiele für direkt einsatzfähige Materialien vorgestellt.

› Diagnostik – leicht verständlich erklärt, praxisnah und sofort umsetzbar
› Fördermaßnahmen – zugeschnitten auf die verschiedenen Sprachniveaus
› Fördermaterialien – einsatzfertig für den Unterricht in Deutsch, Mathematik, Sachunterricht

Extra:

› Übungsmaterial: Selbst ausprobieren und Sicherheit gewinnen
› DVD mit Filmworkshop: zum Miterleben und Mitarbeiten

133 Seiten + DVD   978-3-12-666801-9

Erhältlich in der nächsten Buchhandlung
Weitere Informationen unter **www.klett-sprachen.de/dazugehoeren**

DaZugehören
Deutsch als Zweitsprache

Sprachförderung PLUS
Förderbausteine für den Soforteinsatz im Regelunterricht.

Die Bände der Reihe bieten Ihnen Empfehlungen und Materialien, die durchgängig im regulären Unterricht umgesetzt werden können, und greifen die wichtigsten Lehrplanthemen auf.

Die Inhalte sind so aufbereitet, dass Lehrkräfte – auch ohne spezielle DaZ-Fachkompetenz – in der Klasse direkt damit arbeiten können: Ideen, Anregungen und Vorschläge mit konkreten Materialvorlagen (Kopiervorlagen für Arbeitsblätter und Schülermaterial).

Das Differenzierungsprinzip basiert auf dem Diagnostik-Konzept der Profilanalyse, das ebenfalls kurz erläutert wird. Die Unterrichtsvorschläge sind aber auch unabhängig davon als Individualisierungsmaterial einsetzbar.

Die Förderbausteine bieten Ihnen methodische Anregungen und verringern Ihren Vorbereitungsaufwand. So gewinnen Sie Freiräume, die Sie für einen effizienteren Unterricht für sich und Ihre Schüler nutzen können.

Sachunterricht	134 Seiten	978-3-12-666804-0
Text- und Sachaufgaben	112 Seiten	978-3-12-666805-7
Mathematik	144 Seiten	978-3-12-666803-3
Regelunterricht	272 Seiten	978-3-12-666802-6
Sprachförderbausteinchen Klasse 3/4	164 Seiten	978-3-12-666806-4

Erhältlich in der nächsten Buchhandlung
Weitere Informationen unter **www.klett-sprachen.de/dazugehoeren**

DaZugehören
Deutsch als Zweitsprache

Förderbausteinchen Deutsch
Deutsch als Zweitsprache in der Grundschule

von Martina Goßmann

Die Übungen und Spiele können in der **additiven Förderung, als Zusatzangebote im Regelunterricht** oder in Lernzeiten eingesetzt werden. Sie regen oft zur Partner- oder Teamarbeit an, die meisten Angebote können jedoch auch von einzelnen Schülerinnen und Schülern bearbeitet werden. So können sich alle Kinder sprachlich weiterentwickeln und auch innerhalb der Regelklasse sinnvoll unterstützt und gezielt gefördert werden.

Mit kompakten und in sich abgeschlossenen Bausteinen auf vier verschiedenen Niveaustufen erleichtert Ihnen dieses Buch die Planung und Durchführung von schülergerechten, individuellen Sprachfördermaßnahmen.

Die abwechslungsreichen Übungsangebote unterstützen gezielt die sprachliche Entwicklung der Kinder in den Bereichen **Wortschatz, Grammatik, Redemittel, Text**. Zu jedem Teilgebiet bieten Ihnen die „Förderbausteinchen" umfangreiche Übungsmaterialien und Kopiervorlagen, die Sie direkt einsetzen können. Viele der Förderangebote können Sie vertiefen und fortführen. Hierzu finden Sie zahlreiche Anregungen. Sie erfahren außerdem, wie Sie die Materialien passgenau auswählen, um den Spracherwerb optimal zu unterstützen.

Klassen 1 und 2	978-3-12-666807-1
Klassen 3 und 4	978-3-12-666806-4

Erhältlich in der nächsten Buchhandlung
Weitere Informationen unter **www.klett-sprachen.de/dazugehoeren**